全椒古代典籍叢書

金兆燕集

6

（清）金兆燕 撰

政協全椒縣委員會 編

國家圖書館出版社

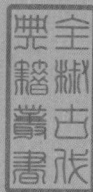

第六册目録

（清）金兆燕 撰

旗亭記二卷（卷下）

清乾隆二十四年（1759）盧氏雅雨堂刻本

第十九齣

搜山　小生扮崔乾祐領四校上

十萬雄兵動地來、黃沙回首赫連臺、火旗連夜搜山谷、風急天高猿嘯哀、俺奉大王軍令、擒拿楊國忠並他家屬、如今唐天子避兵西去、我們直入京師、那楊國忠一家、已經逃散、我一面封鎖家財、一面搜緝人口、連夜領兵、追到此地、已經拿獲七百餘口、只有他正妻裴柔、是一個要緊首犯、還不曾拿著、難以覆旨、方纔探子報來、馬嵬驛兵變、楊國忠已被亂兵殺死、我想他妻子、定然不敢前行、不過躲在這左近地面、來此已是終南山了、大小三軍、仔細搜尋者、（衆應介）

（小生）正是蟣虱盡逢湯沐弔、鷹鸇也向網羅投、（下）衆作搜尋介（合）

（南呂過曲）香柳娘向空山細尋。向空山細尋。野燐荒藪。秋墳但有狐狸守。這邊沒有、那邊去、這幽深茂林。這幽深茂林。宿鳥乍啾啾。想當有人走。那邊土地廟有燈我們且吃袋烟、到山後尋去、且穿林傍柳。且穿林傍柳。空山遍。搜影兒沒有。（下）（旦末貼老旦丑同急上）（合）

（前腔）向空山快逃。向空山快逃。（内風起介）哎喲、一陣黑雲月光都不見了、大風狂吼。飛沙打眼驚人。陡（扮逃難人上、擁散介同下小旦上哎喲、好苦呀、這天昏地黑。這天昏地黑。僕從把奴丟。叫奴那方走。奴家裴柔、倉卒鬧亂、帶領僕從趕出城來、聞得馬嵬兵變、我家相公已被亂兵殺死、又聞得安兵隨後趕來、百能與僕從車輛、登時逃散、只剩下妾身一人、逃到終南山下、已是昏夜、可往那裏躲避纔好、哭介哎呀、好苦呀、坐地介老旦旦上旦母親等一等、老旦李師父慢些走、怎麼總喊不應、小旦好苦嗄、老旦那邊有個婦人聲息、想是你母親待我叫他一聲、摸著去、摸介張奶奶、小旦是那個、我不姓張、老旦你這娘子、逃難的時候、爲甚麼還坐在這裏、小旦奴家走不動了【老旦】走不動、也要掙著些、前面不上半里路、就是我家庄上了、【小旦】如此、拜求婆婆、借奴暫躲一宿、【老旦】天上人間、方便第一、我扶著你走罷、【小旦】如此、多謝了、【旦】母親不知去處、怎麼了、【老旦】他同你師父一路走、必定會找了來的、我們快些走、【同行介】【合】且牽衣攬袖。且牽衣攬袖。鞋兒未兜。釵兒又溜。【同下】【末貼同上】【合】雙鬟、雙鬟、莫婆婆、莫婆婆、呀、並沒有一個、

【前腔】本同行並肩。本同行並肩。乍離左右。迎風到處號乾口。雙鬟、雙鬟、【丑上】來了、來了、【貼】翠筠姐姐呢、【丑】姐姐

同莫婆婆都走在前頭的、還不曾到麼 末 如此、你們跟著老漢快些、走趕上他去、 同急下 衆校上 兄弟、這山後益發冷靜、還是照原路、到山前去、 徹回頭再尋徹回頭再尋。四下遍搜求。包伊定然有。 同下 老旦 旦 小旦上 老旦 你們兩人認不得路、緊緊的跟著我走、不要又失了伴、 合 向荒村路口。向荒村路口。星輝漸收。紅霞乍透。

小生領四校衝上 捉旦衆校向小旦諢介 小旦 不得無理、奴家雖然落難、原是一品夫人、靠後些、 校 咄、你是甚麼夫人、 小旦 是楊丞相的夫人、 校稟介 稟將爺、拿著楊國忠正妻了、還有家屬二口、 小生 帶來當面、小旦、旦背介、老旦跪介這一位是楊丞相的夫人、這一個是民間女子、前鄉貢進士王之渙的聘妻、老身原在這旗亭上開張酒店的莫媪便是、我兩個並不是楊府家屬、求爺爺開釋、小生旗亭莫媽媽、我也有些廝認、四校同認介果然不差、小的們前年送馬來的時節、在他家吃過好幾次酒的、小生酒媪雖然認得、但既與楊裴柔同獲、不便竟自釋放、背介這個美貌女子、進到宮中、必然寵眷、轉指旦介看他如此美貌、斷非民間女子、定是楊家眷屬。一並奏明主上便了各捉綁介小生

〔前腔〕美嬌娃乍逢。美嬌娃乍逢。奇功天祐。若非帝主誰消受〔三旦合〕。詐天天不憐。詐天天不憐。薄命既該休。何心望援救。〔衆行介合〕望營門趕投望營門趕投朝陽戍樓。飛塵馬首。

音釋

火旗 明火旗下也李賀詩紅袖女郎火旗下

安禄山瞽後被刺卽就病目上生情保全雙鬟節操因此説李誅逆夾入正史枝葉横生結搆之妙巧合天工

第二十齣　羈貞

淨龍袍作病目狀設朝領女衞上丑扮李猪兒隨上

商調引子【風馬兒】一旦猪龍忽上天。乘時勢、縱威權。赭黄袍高坐金鑾殿。宮花苑柳爭艷。御階前。

寡人自破潼關、直逼長安、嚇的那李三郎望風而逃、遠避西蜀、按轡長驅、遂登大寶、應天順人、無求不得、只因卽位以來、縱情聲色、未免太過了些、惹得虛火上炎、兩目赤腫、太醫説、獨宿百日、用藥方效、没奈何只得依他、數日來漸覺清亮、【睜眼四面細看介】你看這錦繡皇宮、佳麗滿目、俺好受用也、

商調過曲【高陽臺】鳳閣干雲。龍樓承露。鸞尾乍開宮扇。花氣

實事虛叙爲下文張本

泉聲。六宮清漏遥傳。嬋娟雙垂。紫袖相並。也看不盡風度嫣然。（合）福齊天。坐享這人間富貴萬歲千年。（生扮内監捧本摺上）天子九霄懸日月、内官兩手掌絲綸、請萬歲爺閱本（淨）你又來了、曉得我看不見、如何來磨我、（生跪介）這原不用萬歲爺龍目觀看、只是奴婢宣讀、（淨）好好、你便讀來、（生讀介）征西大將軍開國侯史思明一本、奏聞聖上、探得唐太子已在靈武即位、封長子适、爲兵馬大元帥、靈武節度使郭子儀爲副元帥、統領朔方軍、捲土而來、又結連回紇、遣大將葉護、統領番兵助戰、前鋒靈武上將軍李光弼、已

到灞陵關、銳不可當、臣現在列營堵禦、乞聖上再發
大兵、以爲後繼、方可勦平、謹奏、（淨）唐太子起兵、雖然
有些聲勢、但朔方軍精而不多、回紇遠來疲乏、不足
慮也

【梧葉兒】他兵雖銳。地勢偏。回紇衆。遠行艱。天兵一到。管
教他旗槍盡偃。（笑介）李三郎呵、你只好偷息西川。難再
想皇都夢轉。
李猪兒、即傳旨意、著護國公火拔歸仁、統領番漢兵
馬二十萬、護從皇子慶緒、前往相機援勦、即日起程、
祭纛告廟、即著皇子代朕行禮、（丑）傳旨介（生）再讀介

虛陪一事却是表彰忠義

為諸人避難江寧地步

輔國將軍尹子奇一本、奏聞聖上、臣圍睢陽三年、唐將張巡許遠、固守不下、今糧盡乏食、羅雀掘鼠、殺妾烹童、兵無變心、所喜賀蘭進明、按兵不救、今已打破睢陽、張巡許遠、並戰將南霽雲雷萬春等、俱已擒獲、勸降不從、請旨定奪、〔淨〕妙嗄、

〔前腔〕知時務。始爲賢。那張巡許遠呵、螳蜋臂。敢當先。今番。細到殘生。怎免童妾含寃。須早去黃泉對讞。李豬兒即傳旨意著將唐營各守將一併斬首、俺這裏有功將士、交部從優陞賞、休息士卒、候西事平定、再圖江淮〔丑〕傳旨介〔生〕再讀介鎮國將軍崔乾祐、一

本奏聞聖上、臣奉旨搜拿楊國忠一門良賤、除楊國忠已於馬嵬驛被殺、先經奏報外、所有在逃人口、帶出家財、挨户搜查、俱已陸續弋獲七百餘口、今在終南山下、又搜獲婦女三口、一係楊國忠正妻裴柔、一係旗亭酒媪、一稱鄉貢進士王之渙聘妻、年纔十五、國色無雙、合併奏明、請旨定奪、（淨大笑介）楊國忠楊國忠、你也知道有今日麼、

【前腔】你太風勢。忒狂顛。憑威勢。攬朝權。南箕貝錦。脣鋒善論。今日呵、血污高原。還說甚當朝貴顯。

李猪兒、你可傳旨出去、將那賣酒老婦人釋放、其餘

合混的妙乃使酒媪誤傳死信

人口、查點明白、全行處斬、（附耳介）還有一個少年女
子、說是王之渙聘妻、據奏姿色甚美、你可密帶、入宮
見我、已教虎旅騰商野、且引羊車入晉宮、（虛下）（丑向
內介）聖上口勅、崔乾祐報獲楊國忠家口、著將旗亭
酒媪放去其正妻裴柔並少年女子送到宮門候本
監查點綁發市曹與陸續報獲家口七百餘名一並
處斬（內應介）（兩雜扮力士押旦小旦上）天子恩威重、
宮門出入嚴、楊國忠家屬在此、（丑）誰是王之渙的妻
子、（雜指旦介）這個是的、（丑向雜介）萬歲爺有密旨、（指
小旦介）將這個押發市曹、（指旦介）這個女子我自帶

去。進。宮。見。駕。不。可。洩。漏。（雜）曉得、今日且須嘗白刃、來
生莫更作紅顏、（扯小旦下）（丑見旦介）呀、我道那裏又
出了個美人、原來就是謝家妹子、（旦）原來就是李家
哥哥、哥哥、奴家自師父教歌之後、就於旗亭歌詩、與
王郎訂婚姻之約、今日已戴頭血而來只求死後、埋
我旗亭之側、或者得邀王郎一顧、死不忘恩、（丑低、語、）
（介）萬歲爺現在病目。醫家令他靜養百天。急切不能
名幸。你且小心見駕。不可枉送性命。（向內介）啟萬歲
爺、謝雙鬟宣到、（淨上）不是寡人偏好色、由來天子本
無愁、（內侍喝朝見、旦哭不理介、）（淨）幼女不諳朝儀、免

其行禮、扶近前來、〔女衛扶旦向淨淨揩眼細看笑介〕、、、、、

妙呵、

〔前腔〕愁容淡淚痕鮮。無脂粉。越嬌嫣。寡人呵、便同你生生世世。也學那長生秘殿。夙世奇緣。還爲甚千般面靦。李猪兒、可在皇宮裏面選一所精潔閒宮、將此女安頓、就撥女衛十名伏侍、候寡人病愈、便冊封貴妃了、〔附耳介〕此女看來有些掘強、你須好好勸從、寡人不惜重賞、若有疎虞自盡、必按軍法、小心在意、〔丑〕領旨、

〔領旦下〕〔淨〕寡人喜也、

〔梧桐花〕坐鑾輿。乘雕輦。八方的金銀受享。遍雲移雉尾

開宮扇。見户外昭容似彩雲偏。又添箇紫府仙姬共快忭。到今朝纔還盡了風流愿。

（下老旦上）

【山坡羊】亂紛紛鑽不過的刀箭。惡森森撥不開的雷電。渺茫茫喚不回的去魂。窨匝匝掙不掉的繩和練。（向空福介）謝天謝地竟把老身放了。僥倖免蒙將老命憐從今拜佛把燈香點。吃個一世的長齋答謝天。只可憐那雙鬟姐。與楊夫人綁進朝去。就同楊府家眷七百餘口。一并綁赴殺場。都處斬了。老身一路訪問所說皆同。可憐我那雙鬟姐生被楊府。將他一個才郎斷送。死又吃

虧了楊府連累你與楊府真是夙世孽冤也。青年一丟

丟嫩蕋鮮。黃泉早深深埋恨冤。（作悲介下）

音釋

葉護 葉音涉葉護回紇官名　諞 音匾巧言也

第二十一齣　遇李

末上【仙呂入雙調過曲】【雙勸酒】衰年怎當。窮愁千狀。有誰見憐。龍鍾模樣。空矯首白雲頻望。知何時更返家鄉。老漢李龜年。自從那日倉卒避亂。失散了雙鬟徒弟、無處找尋、西去不得、只得同他母親張又華、倒往南來、迤邐避亂、過了江、直到金陵地面、方得寧靜、暫棲旅店、聞得王少伯老爺家在青溪、去此不遠、不免到那邊去拜他一拜、求他吹噓照拂、以為生活之計、正是白髮垂肩猶作客、紅牙顧曲且當場、又華看了門、我上街去、【貼內應介】曉得、早些回來、【末行介】

【嘉慶子】歎一身旅館無倚傍。便學那伍員吹簫也不妨。
怎耐得腸空腹脹。離亂世。且郎當。難說道。不慚惶。
此間已是青溪、這個大門首、有個舊舊的報帖待我
看來、提報貴府王老爺、名昌齡、召試博學宏詞科、欽
取第一名、呀、這就是少伯老爺家了、待我進去、【問介】
門上有人麼【連叫介】管門的不在、不免進去、候有人
出來、好央他通報、【作張望介】【生持書步出介】
【尹令】客中怎消愁。況午倦拋書惆悵、聊且空庭凝望。院
落中是何人行走怎屐齒蹡蹡。似鶴步風前過小廊。
外面是那個、【末】少伯老爺、老漢李龜年特來奉謁、【生】

近前〔介〕原來是李老丈從那裏來〔末看介〕呀原來是太原相公、爲何也在此處、〔生〕少伯方纔出門、且到我寓齋一坐、〔同轉介〕〔生〕老丈、前日都中、多蒙你脫我大難、如今謝雙鬟作何光景呢、〔末〕相公請上、且待老漢拜見、〔生〕高年不敢爲禮、長揖罷、〔同揖介〕〔生〕請坐、〔末〕有坐、〔同坐介〕〔丑捧茶上〕〔生〕老爺回來時、說有京中的李教師在此、〔丑〕曉得、〔接杯下〕〔末〕自從那日倉卒一別、後西京城離亂、老漢奔走四方、無處訪問相公消息、却不想此地相逢、相公、你爲何不回貴鄉呢、〔生〕小生那時呵、品令中途思想。怕兇惡肆鋒鋩。姦謀未遂。搜尋到家鄉。因此上移踪別往。轉把烏衣訪。幸此間少伯兄呵、殷勤分宅少慰羈孤情況。後來安賊打破潼關、西北一帶烽烟遍地矣、滿目干戈。還說甚却望并州是故鄉。老丈、快些告我、亂離之後、謝雙鬟現在何處（末）相公、那謝家徒弟呵、

江兒水一自你分攜後。何曾理舊妝。（生歎介）（末）愁痕只在眉峯上。再不弄銀箏向花前唱。再不整雲鬟學那雙飛樣。（生淚介）（末）相公、你如今不要想他了、（生）怎麼呢、（末）怕重到藍橋春漲。玉臼裴航。也只好夢裏雲英空想。

（生）却是爲何老丈快說與我知道（末）相公聽啓那日呵、

【五供養】兵戈擾攘。正合宅驚逃。中夜奔忙穿雲尋路徑。乘月到村庄。終南背後覓一個桃源安放。那曉得黑暗裏相迷失。空尋遍亂山深處古幽篁。

（生驚介）呀、

【玉交枝】聞言悽愴。（哭介）驀然間銷魂斷腸。西京現在已淪亡。問何處容我尋訪。延平劒埋仍有光。豋賓池鐵猶聞響。似這亂軍之中、便待叫零丁。呼招那方。叫零丁呼招那方。

末尋訪是日後事、相公客中還須保重、小生上作聞遠客至、倒屣急相迎、李老丈、末起介王老爺老漢特來晉謁、末拜小生拉住同揖介各坐介生拭淚介小生大兄、何故忽有不豫之色、末適問問及謝家女徒弟、所以如此、小生雙鬟無恙麼、生亂中離散、巳不知踪影了、小生原來如此、咳、可惜、雙鬟尋訪不着、又華可還在京麼、末又華也同老漢來南了、

玉抱肚相依相傍走天涯。西風斷腸。生又華也來了、如今在那裏、末嗟異域無處棲身。共老伶僦居窮巷。炊珠爨桂各徬徨。纔信道難把他鄉作故鄉。

（小生）老丈如今便怎麼樣（末）

【川撥棹】無他想。只有老爺呵、念窮交求作養。但有日回到家鄉。但有日回到家鄉。願啣結終身怎忘。（小生）薪水之需老丈不必憂慮、盡在小弟身上、敝地最好風雅、老丈大名、人人洗耳、自然都要求教的、從此梨園法曲、要傳遍江南了、（末）多謝老爺、（生）小生（合）大江南傳內腔。不再數雨瀟瀟吳二娘。

（末）老漢告辭了、（生）致意又華、明日便當奉看、（末）祇候光臨、（小生）李老丈、既到舍下、豈有就別之理、太原兄心緒不佳、清酒一尊、爲大兄撥悶、請到花園小坐、（同）

行介

尾聲　萍踪歡聚偏悽愴想長安更悲離況（合）則今夜呵、都準備着一曲伊州淚萬行

音釋

伍員　員音運　零丁　即今招帖

第二十二齣　旅謁　外氊笠帶劍上

文章事業總安論、虎口餘生隻影存、淚灑千秋悲國步、身留一劍荅君恩、下官高適、本欲固守潼關、後因獻策不行、又不忍目擊潰敗、只得自托逋逃、緩圖報効、近聞上皇幸蜀、新天子即位靈武、匿影潛踪、奔赴行在、一路行來、蕭條滿目、正是滿眼雲山揮泪看、一天風雨抱愁眠、想起來叫人好不恨也、

商調集賢賓　破乾坤恁時誰會補。恨關張無命待何如。竟無端開門揖盜。有誰能當路驅狐。鬧轟轟闖入宮闈。惡支支逼走鑾輿。上皇呵、你淋鈴雨聲聽最苦想幾番

終夜長吁但只見千官隨駕出問可能一劒報仇無
前面就是行宮了、
〔上京馬〕遥望見幾行衰柳古城隅撒剌剌一片西風鳴
斷楚這便是龍鑾虎賁王會圖回想那錦長安御宿周
廬問可有五陵佳氣捧皇輿
〔虚下〕〔末扮黃門官上〕九重日月瞻天象、萬里風雲壯
帝居、下官黃門給事中是也、天子御門、百官齊集、只
得在此伺候、〔外上〕老黃門請了、〔末〕你是何官職、爲何
如此形容、〔外〕下官高適、自潼關間道來赴行在、〔末〕辛
苦了、今日聖上常參、就于午門外自奏、〔下〕〔外跪介〕

【後庭花】微臣草露軀。天顏欣拜趨。自愧煞奔走全無効。說甚麼經猷尚有餘。今日呵策庸駑來依明主。惟願乞刑章昭睿謨。

【內】聖上有旨、高適奔走荊棘、趨赴闕廷、忠義可嘉、着將哥舒翰失機、潼關不守情形、細細奏來、【外叩頭呼】【萬歲介】

【金菊香】那二十萬官兵固守本無虞。那當得催戰的貂璫醉夢徒。這險潼關原是個西京鐵桶箍。陡然間開了銅鋪。可憐那臨戎痛哭的老哥舒。

雖然如此、那安賊呵、

【么篇】那裏有安家定國好謀圖。只不過縱惡滔淫桀鶩徒。子則要上下齊心勤旦暮。穩看取再造規模一霎兒回天步。

【末上】奉聖旨、高適前守潼關、曾建良策、後來潼關失守、皆因不曾任用其言、熟諳軍情、足堪大用、著即授爲河北招討使、隨副元帥郭子儀收復兩京、即日啟行、謝恩、【外叩頭呼萬歲起介】【末】恭喜了、【各揖介】【末下】【雜扮四校上】【外換戎裝介】衆將官聽者、

【隨調煞】你們急孜孜趕到了京華路。好把那妖氣全掃滅濁穢盡驅除重造個錦黄圖報荅。這中興聖明主。好

共你雅歌三奏輕裘緩帶更投壺

音釋

籞音御苑圃也　箍音姑

第二十三齣　訪張

生上

[南呂引子]臨江仙　滿目離情無處訴。西風又是深秋。空庭落葉逗新愁。淒涼天外鴈。漂泊水中鷗。

小生自到江南、時刻爲雙鬟牽挂、昨日見了李龜年、纔知他亂中散失、吉凶未卜、今早侵晨起來、一者回候龜年、二來面會又華、將雙鬟離散光景、細問一番、將來再到長安、也好仔細尋訪、來此已是、不免叩門、[敲門介][末上]冷客不須嘲襤襳、舊交只共歎漂零、王相公勞步了、[共揖介][生]又華呢、[末]待老漢喚他出來[向內介]又華、王相公在此、[貼上]來了、落葉逢秋空委

三曲各還口吻寫生妙手

地、殘星向曉且隨天、（見介）（末）相公請坐、（坐介）（生）又華、我爲令愛遠隔天涯、日夜放心不下、不想你母子也離散了、（貼）昨日李師父回來、方知相公也到江南、自從相公別後、我那孩兒呵、

【南呂過曲】【三學士】整日凝粧上翠樓。悄無言自揾星眸。只望。你珠還合浦應重覯。誰想他劍去延津不自由。閃得我獨抱著影兒空浪走。思量起雙淚流。

（生）你們一齊逃難、怎麽單單的把他失去、（貼）那時人山人海、一擁而來、天又昏黑、怎麽不擠散了、（末）那時還有莫媽媽、也擠不見了、（貼）正是、那莫媽媽同雙鬟

牽手而走、妾身同李師父緊緊跟著、還有丫鬟翠筠攙著他的、冲散之後、喊了半日、翠筠上來、雙鬟再不見了、(生)如此說來、令愛消息、只訪著莫媽媽便知了、小生想來、若流落長安、還有相見之日、只恐落賊人之手、便玉碎珠沉了、雙鬟那、你與小生呵、

(前腔)若不是吹簫鸞鳳儔。爲甚麽巧姻緣遇在歌樓。到。如今、綵雲目斷章臺柳　問可能青鬢同歸湖上舟　想你在奔逃之際、縱不遇兵戈經賊手。也恐怕萍飄後無處求。

老丈同又華在此、客況何如、(末)相公不要提起、

（鍼線箱）倚遍了白門秋柳。過盡了烏衣巷口。有誰人共話風前舊。空落得鏡中顏瘦。（指貼介）他。舞衫典盡當年繡。我。歌板難遮今日羞。窮途叟。只西風老淚獨掩雙眸。

（丑扮翠筠捧茶上）王相公還認得我麼、（生）你是翠筠、我怎麽認不得、你家雙鬟姐那裏去了、倒是你還在、（丑）那時相公要拏一千兩銀子、聘我家姐姐、如今我家姐姐、不知去向、媽媽又流落在此、時值估價、拏五百兩聘了我翠筠去罷、（貼）胡說、（丑接杯下）（生）李老丈、聞得新天子即位靈武、拜郭子儀爲副元帥、收復西京、又聞得高達夫也在軍中、安賊雖據長安。志滿兵

驕敗亡在邇你我還鄉有日便可尋覓雙鬟目今你且與又華耐心寬住、暫別了、

【前腔】最難遣蕭條時候又遇著蕭條故友【貼】相公、你正青春且莫爲悲秋瘦或者玉人重覯【末】相公、老漢左右是個閒身這金陵名勝極多、無事就可以奉陪遊覽的、那鳳凰臺上堪攜酒燕子磯邊好艤舟依林藪且消除閒悶同散羈愁

【貼】烟籠淺水月籠沙、【末】霜葉紅於二月花、

【生】腸斷一聲河滿子、【合】淸歌今夜在誰家、

音釋

揾音問拭也艤音倚住船也

此齣乃一部緊要轉關曲白無不靈妙曲折匠心顛毋艸艸看過

第二十四齣　反說　旦上

【北雙調新水令】便輕拋微命待如何有奇謀在心頭盤過看著他鞭稍飛血肉正好俺舌底起風波異績巍峩拚一死甚難做

奴家被擄入宮、原拚罵賊而死、不想遇著李師父的姪兒、說安賊病目甚急、不近女色、著奴且自從容、不要枉送性命、進宮以來、不覺已是月餘、撥來伏侍女衛十人、奴家與他細細談心、盡是范陽良家、被安賊擄掠來的、將言挑動、個個切齒、已經暗結姐妹、收為腹心、連日邊報到來、新天子即位、高達夫、又以河北

二語不是閒文正月餘以來不催逼冊封之故耳

招討使、隨郭子儀等收復兩京、今已陞爲前軍都督、捲土重來、安慶緒連戰敗回、現在與史思明連營屯守、又聞得唐將李光弼、陞了太原節度使、統領山西一帶軍馬、收復范陽、安賊見了此報、驚悸了一夜、兩目血出、已成雙瞽、誰想兩目既瞎。却便止了疼痛。昨日叫李家師兄來說奴家、說要冊封奴爲貴妃、奴想此賊雙目已廢、若假作順從、刺此逆賊、亦有何難、奴看李家師兄、頗有不忘唐朝之心、近來長被鞭笞、忿怨切骨、不若說他同謀大事、可以萬全、且等他到來、看是如何、〔虛下〕、〔丑冠帶佩劒作被打狀上〕、南仙呂入雙調【步步嬌】勤苦功高誰如我。爲甚遭摧挫。鞭捶日漸多。地久天長怎生捱過。我這般寃恨奈他何。不覺的腸肚都撑破。

【旦上】你看他踉蹌而來、想是又捱了打、正好下說詞也、【見介】【丑】妹子、【旦】哥哥爲何這般模樣、【丑】我昨日再三勸你、你堅執不從、這回又打了一百、還有旨意、說今日若再違拗、一並要處斬了、【旦】如此說來、是做妹子的連累哥哥了、但奴家呵、

【北折桂令】久拚著一死無他。怎生便刀下偷生。不能彀截耳投梭。奴家就是不曾許人、也斷不與狗彘爲羣犬

羊作侶。狐鼠同窩。何況王郎與我、面訂婚姻、今日呵、肯貪生將身點涴。倒不如留清白好見閻羅。哥哥、奴家如今有兩條路。一條呵、終則要蘭瘞空阿水逝洪波。算只有一劍亡身。免得你苦肉摧磨。

旦拔丑佩劍、欲刎、丑大驚奪劍介 了不得、了不得、你若自盡、俺命休矣、

南江兒水 你烈性眞如火。我甜言空似波。只是你黃泉落得個香名播。我青萍便向那頭邊過。你軀捐也救不得捐軀的我。莫便糊塗差錯。且自消停計較。個十分停妥。

妹子、這條路、是斷斷走不得的、那一條呢、旦掩口笑介 那一條嗎、奴家便依哥哥、順從了他、只是要哥哥帮我做一番大事、丑大喜介 妹子你既肯依從、何不早說、做哥哥的便要拜謝你活命之恩了、待俺如今飛奏與萬歲知道、欲行旦扯住介 且住、奴家却有一句話問你、

北鴈兒落帶得勝令 你可曾珥貂蟬在禁籞過。丑搖擺介 俺怎麼不曾 旦 你可曾陪鳳輦趨鑾座 丑搖擺介 陪過多次的了、旦 你却姓甚麼 丑不語視旦介 旦 咳、你本是皇家一姓、却不道宗支玉牒親、一生兒感沐皇恩大

慷慨激昂如以調笑不減生花之舌

丑、彈淚介 旦 今日裏荊棘滿銅駝但有人心的那個不涕泗灑滂沱 旦、丑、同淚介 旦 却怎的腆面求勲佐還甘心受折磨羞麼似這般挨鞭撻的淩烟閣哥哥倒不如猛拚身得算多 丑、摩腹氣介 妹子、

【南僥僥令】俺忠心原浩蕩義氣也未消磨爭奈孤身無幫佐因此上俯首更降心在檐下過 旦 哥哥、還有一事連日邊報你可見來 丑 怎麽不見、

說透利害方足以堅李猪兒歸正之心

【北收江南】旦 那郭元帥呵、他本是天生福將智包羅況有那迎師簞食願投戈那安賊呵、藁街示衆日無多那

時節覆巢破窩全沒個閃躲你可也驚心動魄想著再生麽

（丑）妹子之言是也

【南園林好】他那裏朔方軍衝冠怒訶俺這裏歸仁帥交鋒倒戈又聞得臨淮名播將別部搗巢窩眞吉少覺凶多

妹子依你說來如何是好（旦）依我說來一些不難聞得安賊早遇異人相他死於刺客之手今日雙目已瞽哥哥朝夕侍衛殺此賊如屠雞狗耳哥哥

【北沽美酒帶太平令】則要你勇專諸把七首磨屠瞎狗

有甚差訛。〔丑驚介〕妹子禁聲、你說得這般容易、那安賊未曾起兵先防行刺。訓練就了這一隊女衛武藝精熟。做哥哥的雙拳不敵四手、枉自送了性命、不是耍的、〔旦〕哥哥、妹子有計在此、你如今就去復命、說妹子已受貴妃之封、却是不肯野合、須要駕幸西宮、還有一件、道我幼小嬌癡羞解脫。要將女衛、交與哥哥統領、只在宮門外巡邏、那時節。宮中你我管教劒出手透心窩。〔丑〕此計大妙、只是殺賊容易、出宮煩難。你我兩條性命休矣、〔旦〕哥哥、說那裏話、正好建不世奇功、怎麼出此不利之言、妹子已算計定了、殺賊之後。他的兵符御寶。全歸你我

掌握如今我便預先假做一道密旨。那時你假傳旨意
差一內監。令他賫了機密兵符。即刻下到史思明軍中
說范陽守將告急根本重地。令史思明即帶本部軍馬。
連夜救援范陽。安賊手下只有此賊利害。他一離營。大
軍瓦解矣。一面把首級包裹起來。加上黃封。再執一道
兵符。說皇爺差遣。因你與唐將高適有舊。前往勅賜金
印。加陞官職。說他來降。那時你騙出了灞陵關。竟到唐
營呵。
獻上了頭顱一顆。便是報捷音奏凱鐃歌。【丑】我便
去了。妹子你卻怎樣。【旦】奴家也算計定了這伏侍我的
女衛十名。一月以來。我細細挑動。俱是擄掠良家。已與

淋漓盡致

他們暗結姐妹哥哥去後。我便舉哀發喪。說宮門不開。帳中取了皇爺首級。定是唐營劍客。傳一道懿旨。令內監賫了御寶。獻與安慶緒。請他一面繼登大寶。一面推問奸細。這些女衛。本已離心。況怕推問。何愁說之不降。等安慶緒回來。騙他進龍樓鳳閣。便引到西宮御臥那。時奴家與衆女衛呵、埋伏下、剁戈準備著綑縛。有誰來救奪。直等待唐將軍到來呵、再造成唐社稷金甌一座。

（丑）妹子、你怎麼這等算的到、拿得定、那裏是人間女子、便是九天元女轉世一般、請上愚兄有一拜（旦）哥哥、謀事在我。成事在你。做妹子的也有一拜。（全拜介）

打起精神乃能談笑成功見到之言

（合）

【南清江引】商量周至眞千妥。就裏誰參破。人謀也勝天。打起精神做。請看今日裏。談笑奏功的。你共我。

（旦）事不宜遲、只在今夜、（丑）我如今一面覆旨一面打點便了、正是恨小非君子、無毒不丈夫、（下）（旦）你看他徑自去了、這事敢十分停妥也、好將三尺劍、穩把大唐扶、

音釋

籞音御禁苑也　皇恩大大音惰

第二十五齣　誅逆

淨領內監作瞽目狀兩宮女扶上

黃鍾引子【傳言玉女】前滿耳笙簫衝鼻瑞煙香到定龍樓千燈挂早

暗地觀來四表光、笑他茶已學垂裳、美人帳下能歌舞何必重瞳始霸王寡人自平定兩京以來、得了一箇絕世佳人、叫做謝雙鬟、眞箇有沉魚落鴈之容、閉月羞花之貌、因他曾許配大夫、不肯受封、虧了李猪兒多方勸誘、今已順從、因此即日冊封他爲貴妃、銅壺已交夜漏、如何還不見來謝恩、那些儀文禮數、眞箇可厭也、丑冠服帶劍上

【傳言玉女後】鴉鳴鵲噪。須打箇吉凶靈筊。膽兒還戰。一聲宣召。

啓萬歲爺、謝娘娘冊封禮畢、來宮謝恩、（淨）宣旨進見、

（丑宣旨介）（衆宮女執扇引旦上）（宮女作到門即下介）（旦獨入內打細十番宮監贊拜旦拜介）（淨）貴妃少禮、賜坐、（旦告坐介）（淨問宮女介）貴妃坐在那邊、（宮女稟介）在左邊、（淨面向左介）妃子、你今日披服冠裳、比前日初見之時、自然美加十倍、只可惜寡人病目、看不見你風流態度、只好心上摹擬了、（旦）賤妾葑菲陋姿、荷蒙皇上寵眷、只是幼小無知、望賜海涵、（淨笑介）妃

子所言寡人無不體貼排宴上來內奏樂旦送淨酒

宮女送旦酒淨正坐旦傍坐介淨衆合

黃鐘過曲　畫省序　慶良宵天上佳期絳雲飄聽銅壺虬箭夜漏聲遥坐玉輦大業方張貯金屋佳人初到沉香亭苑皆如故只未看舞盤娟妙

衆上酒介

滴溜子　笙歌沸笙歌沸畫梁競繞皇情暢皇情暢歡娛醉飽明晨雞人休報縱然日華升霞光欲爛知他寶帳模糊還如未曉

淨妃子同你進寢宮去者行介合

【雙聲子】明燈照明燈照看玉女離仙嶠宮花笑宮花笑擁蓮步歸仙嶼齊引導齊引導真炫耀真炫耀羨宮中樂秘天上歡饒

（内）設龍床鈎帳扶淨坐床上（介）（淨）李猪兒你照依娘娘所奏率領女衞在西宮門外小心巡邏三朝後重加爵賞（丑）領旨（下）（淨）小宮女們伏侍寡人安寢娘娘卸粧即各迴避（宮女）領旨（淨）妃子你我前緣夙結不必嬌羞即速卸粧同夢毋令寡人久待（旦）領旨（下）帳幔（淨）作先寢宮女出伏侍旦卸冠袍（介）（宮女）請娘娘安置（旦）背（介）

刺安帳中獻首樓上喜慶歌筵庶免嫌忌演者不可不知

隔尾 箇中情事誰知曉。殺氣臉權堆歡笑。宮女背介 娘娘呵、則愁你 嬌娃弱小。當不起 這粗豪。

下 淨 妃子、寡人候久了、旦 來也 丑 短衣佩劍暗上 旦 作出門打照面引丑入即關門指床介 丑 揭帳撫淨介 旦 持燭照介 丑 持刀作刺介 淨 大叫、丑 按淨作刺死帳內、淨 暗下、先用黃布包一圓盒暗置帳內、丑 抱出你手戳介、旦 哥哥與你幹辦大事、怎麼這樣一箇膽兒、刺一蠢物、戳他怎的、我已將假旨意草成、這是兵符、你可拿去、旦 取詔書兵符付丑介 丑 背布包接符詔介 旦

仙呂入雙調過曲【園林好】我這裏一封書端然御毫〔丑〕我這裏一囊錦緘成巨包〔合〕趁着這漏聲催曉忙赶出在今宵忙赶出在今宵

〔丑急下〕〔旦〕安賊安賊

【江兒水】你這欺天賊首合梟怪異人相面先知道你空把一隊裙釵辛勤教那承望教頭反噬身難保難數你奸淫兇暴只落得頸血腥臊染汚了咸陽宮草

〔內打四更介〕〔旦〕夜已四更李猪兒料已去遠不免叫起人來〔向內大聲介〕刺客入宮衆女衛快來者〔雜扮衆女衛戎裝二頭目領上介〕斗轉參橫清露濕夜深

宮禁有誰來、娘娘、賊在那裏、（旦）說也奇怪、萬歲安寢寶帳、門户不動、聲息無聞、只見兩道白光、自窗稜射入、將首級取去了、如何是好、（衆）此必唐營劍仙、我輩專管護衛、性命休矣、（跪介）求娘娘救命、（旦跪扶介）如今我命也難自保、何能救你、只有一條生路、且可建立大功、但不知衆姐姐可肯齊心、（衆旦）既有妙策、爲何不從、願求娘娘指示、（旦）衆姐姐、聞得你們俱係良家閨女、被搶入營、一路護衛馳驅、扶持他登了大寶、到底沾了甚麽皇恩、（衆旦）是呀、（旦）如今唐兵壓壘、安慶緒屢戰敗績、正天亡之時、我如今降一道懿旨、將傳國御寶、差內監送到軍營、迎他即位、那安慶緒與兄弟慶恩爭立未決。得了御寶。必然大喜。星夜前來。等他進了門來展拜呵。

〔川撥棹〕躬身倒。便是他賫頭顱來送寶。衆姐姐、你便闖將來戈戟齊交闖。將來戈戟齊交。勦遺孽除根斬草。獻唐營功最高。獻唐營功最高。

〔二頭目〕奴等連日伏侍娘娘。久聞大義。如今安賊已死。大勢已去。唐兵現在灞陵關外。願誅逆孽。共立大功、〔衆舉刀介〕有不一心者、刀下誅之、〔衆〕奴等願聽指揮、

〔旦〕此真唐室宗廟之靈也、

【尾聲】斬鯨鯢。申天討。全仗庇三宗七廟。則我們呵呵好齊做箇入塞的文姬歸漢朝。建章宮殿鎖千門、永夜迢迢欲斷魂、獨有蛾眉知報國、身留一劍答君恩、

音釋

鯨鯢音擎倪左傳宣公十二年取其鯨鯢而封之註鯨鯢大魚名喻不義之人吞食六國

第二十六齣　獻首　丑提黄袱裹首級上

【南呂過曲】【大砑鼓】奸雄囊首奔。一身難保。萬事安論。早知今日成虀粉。問何如坐鎮舊軍門。只落得馬載頭顱獻至尊。

咱家李猪兒、殺了安祿山、假了璽書兵符、已差内監傳宣假詔、將史思明騙往范陽、咱家賫了兵符、藏了首級、星夜賺出灞陵關來、且喜前面就是高都督的營盤、不免儹行前去、一心忙似箭、匹馬快如飛、【鞭馬下】【外戎粧領將校上】【末扮中軍隨上】

【雙調引子】【夜行船】報國丹心常耿耿。歎何時纔靖妖氛。廟社邱墟鑾輿播越敢惜智囊餘蘊。

碧油紅旆紫金魚、黃石曾聞授素書、但使龍城飛將在、風雲常爲護儲胥、下官高適、前在哥舒翰軍中、建議未行、棄官而去、奔赴行在、重荷聖恩、授爲河北招討使、命與郭李二公、協力討賊、收復兩京、任事以來、屢有斬獲、只因賊將史思明善戰能守、一時未能克復、下官仍申搗巢之策、荷蒙聖恩鑒允、即命李光弼爲太原節度、統領山右兵馬、直取范陽、又陞下官爲行軍都督、代李光弼統領前部、今早探子來報、說賊營移動、旗幟紛擾、又不見賊兵出關索戰、不知有何

有此一段籌畫方見撤史思明之功

機謀且登敵樓一望（登樓介）

（中呂過曲）【駐馬聽】打算孤羣固壘難攻仗一人別賊易破只有那史思明呵將兵嚴整智足千條勇冠三軍怎能勾暗行反間叫他去營門管教雄關不守軍宵遁幾轉車輪無奈俺奮勇的兵難進

你看賊兵散亂竟是移營的光景了

【前腔】鐵騎雲屯忽見旌旗散戟門一個個捲戈荍甲策馬遄飛電掣星奔似這般行踪詭密爲何因那有個三軍壓壘移營汛難道是設伏潛軍好教人疑慮縈方寸

遠遠望見一騎飛奔而來恐是賊中間諜左右快行

擒拏者。雜應下丑鞭馬上遠送元凶首來投大將營。校攔住介丑快些通報將軍。說大唐李猪兒。打從京城裏面。特來報機密事的。校稍待。轉稟介外李猪兒雖係内監。但他從賊已久。不可不防。左右嚴整兵衛。著他進來。雜露刄帶丑進介丑見外大聲介高將軍喜也。咱家已將逆賊首級。找來進獻了。外大喜介在那裏。丑提包介在這裏。校接。包上。開盒外看介果然是安賊首級。老太監。你的功勞不小也。下樓見介坐介外老太監。安賊首級。從何而得。你可細細說來。好替你叙功題奏。丑將軍聽稟。

不是路巨寇淫昏。忠憤人人盡欲吞。【外】聞得安賊深防行刺，練有女衛防護甚嚴，你一人却如何下手【丑】原不是我一人做的，有一個閨中俊全貞畫策報明君。【外】這等說來，想是那女衛中有識順逆的奇人了【丑】非也，咱家有個異姓妹子，被擄入宮，安賊愛他美貌，冊爲貴妃，他抵死不從，欲以命殉，後來見安賊兩目全瞽，他就同咱家定計，假意順從，只說害羞，叫他退女衛於宮門之外，俺就刺此賊於帷帳之中了，那時呵，燭光昏。只消得血濡匕首剛三寸。也不須丈八蛇矛統萬軍。【外】鼓掌介奇哉此女也【丑】將軍，還有奇處哩，安賊既死，他就草一道假詔叫我差一內監賚到史思明軍中說唐兵已入范陽著他連夜率領本部軍馬救護根本咱家來時過他營盤那史思明已傳令撤兵往范陽去了如今立等將軍遣兵前去

排戎陣天兵速去休停頓士民俱奮士民俱奮

〔外〕啐道史思明旗號盡撤軍營寂靜原來如此此賊既去此關立刻可破矣妙呀

〔前腔〕醜逆分軍奇績都歸你妹與昆只是一件你便脫身來了你令妹呵沉幽穽只怕他隻身難脫那虎狼羣

〔丑〕將軍不必過慮他自被擄入宮安賊就撥十名女衛

伏侍月餘以來被他盡行說降約定咱家出城之後他便聲張起來只說安賊被唐營劍客取了首去即差內監賫了傳國御璽俟賺得安慶緒入宮他便領衆女衛秉他哭拜之時亂紛紛一齊併力殲除盡緊守著宮殿金門待大軍〔外〕大喜介怎麼世間有這等一個女子眞奇俊便比作張良葛亮也何多遜老內監下官如今就同你鼓行而前了督兵前進督兵前進

中軍官傳令出去就將安賊首級送與郭元帥處一面奏聞報捷一面催趲後軍衆將官整頓兵馬隨本都督前去平關者〔末〕得令〔內〕齊聲吶喊介〔外〕衆行介

（合）

仙呂過曲　解三醒　上帝助大唐興運。更不用對鋒交陣。早則把元凶首級梟來進。強將調守兵。分關軍解體。吾軍奮只辦著一著戎衣成大勳。威名振。看降旗一片拜向轅門。

音釋

馘　音國　軍戰斷首也

第二十七齣 除孽

副淨行裝領衆家將跑馬急上

【急急令】今朝穩要坐金鑾。趕趕趕到長安。（住馬介）孤家安慶緒、本爲適嗣、合立儲君、只因父皇偏愛少子慶恩、至今未決、今早謝貴妃差宮監賫到傳國玉璽、說本夜四更、唐營劒客將父皇首級、聲息不聞、在被窩中取去、因此留火拔將軍、固守大營、率領腹心家將、飛馬前來即位、且喜文武將相、齊心擁戴、說哭臨之後、先即位而後發喪、不免赶進宮中、胡亂哭幾聲兒、好登大寶便了、（加鞭介）芙蓉闕下會千官。趲趲趲。莫盤桓。（飛馬領家將下）（旦宮粧女衛戎裝上）

【柳穿魚】除凶勦逆算如神。雙手能教靖乾坤。虎穴既然先踞得。好將虎子早除根。諸女侍。盡能軍。范陽練來繡旗陣。

衆　姐姐、今日死中求生、不可不齊心努力、（衆）我等誓言在先、但憑娘娘號令、如有違悞、願甘軍法、（旦）安慶緒此來、隨從家將、不過數人、鈎連鎗手、可在宮門外排列、安慶緒家將到來、說內係寢宮、家將不得擅入、只請千歲爺進宮、寢門內左右埋伏刀劍手、等安賊一進門來、即行殺死、門外女衞、便動手勦殺家將、縱放一人逃走者、必按軍法、（衆）得令、（各分內外埋伏介）

殺氣滿場何意得此清豔之詞

副淨上攀髯莫訝龍無首、振翼方知鳳有毛、作到宮門介女衛跪介衆女衛迎接千歲、副淨細看得意介妙妙、起來、起來、女衛啟千歲、已到寢宮、貴妃娘娘在內、家將請在門外、副淨是是、家將止步、進門介伏起被殺介衆家將拔刀與女衛戰俱被殺介旦上賊子已誅、家將盡戮、但恐賊黨知風、進宮作亂、衆女衛盡隨我據守宮門、等候天兵者、衆得令、合

燒夜香 賊根掃盡更無存卷甲蔵弓待至尊你看宮柳宮花正好春正好春芳意滿天新更與灑掃金階歡迎晃衮

強兵百萬擁雄師
瓦解誰知在一時
女衛教成真有用
頓教父子死娥眉

第二十八齣。清宮

副淨扮火拔歸仁領校上

【水底魚】新主恩高兵權付我。操當鬭決勝。再顯舊英豪。

咱家火拔歸仁自從擒獻哥舒掌握兵權輔成大業、護駕長安、只因唐太子即位靈武、命郭子儀李光弼等前來恢復西京、主上命俺與皇長子安慶緒率領大兵前來會剿、只因皇長子怯戰、偶挫軍威、那史思明便力主固守之策、使俺不得施展、氣悶多日、昨因唐將李光弼、別領西山一帶兵馬、攻打范陽、已調史思明去救援根本、又不想刺客入宮、皇爺晏駕、皇長子奉璽即位、將全軍托付與俺、俺想唐將惟有李光弼這廝兵律嚴整、那代替的高適雖然有些謀略、是箇飲酒賦詩的文士、那裏會對陣廝殺、適才探子報來、說他乘俺國內變、要來掩關、俺正好奮勇破敵、建立奇功、陰圖大事、衆將官、與我大開關門、前往迎敵者、（衆）得令、（合唱當關二句下）（外丑領將校上）（副淨領衆上）（對陣介）（外）火拔歸仁、你這降賊的禽獸、你那賊頭已伏天誅、還不下馬受縛、更待何時、（副淨）諒你這箇做歪詩的老頭巾、知道甚麼兵法、敢來耀武揚威、看鎗、（外揮衆對戰副淨敗被殺介下）（外向丑介）此關已克、勢如破竹矣、衆將官、你們鐵騎在前、步軍在後、

馬上傳餐星夜前進如有稽遲必按軍法（繞場行介）

（合）

（北黃鍾刮地風）則子見四郭凋殘戰壘高。錦長安。市冷烟銷。只剩得白茫茫斷塹迷衰草。烟戶蕭條。宮闕蓬蒿。又則見舊父老灑涕來相告。望兵威不懼分毫。這壁廂、那壁廂、共擁旌旄。爭投順。獻酒醪。納王師不用弓刀。闉闍外舊路花迎笑。都對著漢將軍喜氣饒。

（小生扮崔乾祐領衆將校百姓執降旗俯伏迎接介）

（小生）崔乾祐率領京城將弁、百姓男女、迎接天兵、（外）衆百姓各安生業、崔乾祐既然請降、送往大營、請郭元帥定奪、（雜趕小生衆校介）（小生）昨日猶爲山下虎、今朝忽作釜中魚、（全衆下、校禀介）前面已到五鳳樓了、樓上旗鎗嚴整、不敢擅攻、禀請軍令、（先設假樓一座、旦領女衛在樓上介）（外作望向丑介）李内監、令妹真好武畧也、即煩前去通報、（丑向前高聲介）宮門上女衛聽者、唐營高都督已到宮門、傳禀娘娘、速出迎接、（内鼓吹開門旦領女衛出介）

（水底魚）弓矢全弢。宮中瑞靄高。宮門小隊。盡是女嬌嬈。

（外見背介）這女子好生面善、（旦）達夫先生不認得奴家了麽、（外轉介）呀、你莫不是旗亭相會的雙鬟姐麽、

〔旦〕奴家便是〔外〕怎麼你一箇小小女郎建此不世奇功、令天下鬚眉男子愧死矣、

〔四門子〕大唐家受祿人多少。讓閨女抒忠孝。太原兄、你才思淩雲、意氣干霄。合配這無雙女士同偕老。〔旦〕王郎一去杳無音耗、將軍可得他消息麼〔外〕自從他倉卒出京、下官戎馬倥偬、無處訪問音耗、現今聖主中興、必要開科取士、他自然就入都了、他雖是埋照山林匿影蓬蒿。遇明時、定早向長安西笑。雙鬟姐、你戡亂之功、非同小可、下官就要替你敘功題奏、只是雙鬟兩字、乃是乳名、尚欠端重、須是另改

一名。方可受皇家封號。我想女子從軍古來惟有木蘭一人、今日賢姐武畧不啻過之、叙功本上。就取名謝蘭輝何如。（旦）多謝將軍、（外向丑介）軍務匆匆、不及細談、如今就煩老內監在三國夫人舊宅內、揀擇一所、請令妹居住、女衛百名、仍即暫行統領、候旨便了、（雜推車上）（旦拜別登車介）不緣仗劍剸青兕、安得開籠放白鷴、（下）（丑隨下）（外）衆將官、聽俺吩咐、

（古水仙子）遍宮內。走一遭。遍宮內。走一遭。遍殿和閣小心齊打掃。覓工師。尋匠役。脩壞缺。繕葺堂坳。趕趕趕、趕功程莫憚勞。聚聚聚、聚民夫畚鍤肩挑。築築築、築周廬輦

道九達交候候候候警蹕萬乘傳呼到叙叙叙叙功賞

聖恩高。

（鼓吹繞場下）

音釋

岧嶤音岧堯高貌　髇音袍鳴鏑也　畚音本盛土器

第二十九齣　解厄

淨錦衣丑貼扮童子一執五彩筆一執詩筒隨上

【仙呂點絳唇】扶秘搜奇。極天蟠地。功無際。風雅綱維。撐搭着乾坤位。

吾乃西清上苑、靈秀洞天、總理三界風雅教主是也、自從混沌初開、兩儀分位、那一點靈秀之氣、被吾神收取、以此上契天心、賜了俺一枝生花神筆、掌管古往今來這一班文人韻士、若是真正奇才、應運布出、就將這枝筆給付與他、此筆到手。便可驅使百家。包羅萬象。正所謂珠玉會應生咳唾。雲山經用始解明。今當大唐中興、明日就是至德二載的元旦、天子特開恩科、廣收才雋、海內名流、無不鼓吹休明、潤色鴻業、你看俺這詩教、好不興隆也、【童】請問教主、這幾首詩、吃不得、穿不得、要他何用、【淨】你道他沒用麼

【混江龍】這半幅琅箋錦字。賽過那堆金積玉貫珠璣。採輶軒球琳同貢。藏秘閣琬琰爭輝。【童】這詩起自何代【淨】自從那七日後、混沌死雲爛日華、早聯就了松棟佳篇賡絳闕。【童】這詩天上也用的着麼、【淨】便是那九天上散誕仙、星明斗燦、也少不得瑤臺妙句進青詞。【童】詩中條目如何、【淨】爲升歌、爲合樂、爲間歌、說不盡雅材百五。【童】詩中宗派如何、【淨】有樂府、有漢魏、有晉宋、數不了雜體

三十。童這詩中人物也多着哩淨有多少詩仙詩聖。分據着詩壇詩壘。童詩要怎樣纔好、淨全仗那簇新的詩才煥發。不耑靠爛舊的詩料成堆。童那做得快的好麽、淨也有那扣着槃、刻着燭八乂七步、撒刺刺揮毫敏妙。童那做得慢的何如、淨也有那閉了門、蓋了被撚髭蹋甕克孜孜下筆沉遲。到頭來不分利鈍。出手後一樣雄奇。真箇是掀天地揭風雲、波瀾壯濶。没揣的繪禽魚羅草木、彩藻紛披。童遞詩筒介這是古今來詩人姓名簿、請尊神檢閱、淨展看介你看這爲帝王、爲卿相、爲方外、爲閨閫、類聚羣分、但是他名挂騷壇、便抵得過千佛經

中標姓字。〔拈筆點勘介〕一般的有大家有名家有正宗
有羽翼同工異曲、一經我收來韻府、都不枉了三軍陣
上建旌麾。〔童〕詩中自有黃金屋、可眞麽〔淨〕但子要眞本
事、便高抬起萬里外雞林價重。〔童〕詩中有女顏如玉、不
差麽、〔淨〕若遇着好時運、就巧湊得十步内紅葉緣奇。〔童〕
看來詩中際遇非常哩、〔淨〕則有那臨春閣、受了恩當年
江總。凝碧池、救了命今日王維。說甚麽賞神童四韻。擢
英才五字。奪旗標錦繡。賜袍笏牙緋。浴温湯曉驟翔麟
騎。覆宮袍夜擁袞龍衣。看那些臺閣上、艷晶晶簪毫珥
筆的鷺鴛班。使不了翰林中、顫巍巍裝模作樣的風雲

勢【童】這詩中好受用也、【淨】哎、偏是那會做詩的倒沒得受用哩不見那李青蓮人人欲殺杜子美日日常飢桂嶺雲魂銷子厚藍關雪目斷昌黎更有那居士屩山人瓢老咿唔盼不着登科記三珠樹一囊錦小魂靈枉列在斷腸碑有幾箇春城寫出韓翃句空贏得秋墳唱徹鮑家詩【內奏樂介】【童】遠遠聽得仙璈之聲敢是玉皇有詔也【淨】便是那閶闔門九重飛下的溫綸誥勅也輪不着蓬茅屋三冬暵徹的冷雪書帷【聽介】呀果然一派仙樂將近來也莫不是天宮設晏初分歲因此上宜春帖子催進衍波詞取袍笏過來【更衣執笏介】俺且把朝衫

昌齡死於閭邱曉千秋文人恨事之渙官亦不顯憑空結撰正爲詩人吐氣

緊束手板牢持忙趨院落肅立堦墀（拈香介）憑這一絲兒真香裊盡吟魂細將這一腔兒孤憤排將帝座知你看這經天瑞靄星輝麗正是那一綫春光斗柄移（內打細十番生扮仙官捧勑旦小旦扮二仙女一捧劍一捧元寶上生）九天丹詔來金闕一朶紅雲捧玉皇玉旨到跪聽宣讀（淨跪介生）詔曰咨爾掌教職司風雅茲有原職仙官王之渙王昌齡各以夙因貶謫塵世王之渙有窮鬼隨身艱於際遇王昌齡有兇魔入命難免兵災今唐天子應運中興求賢若渴當今才子無出二生之右用是赦罪增福特賜爾慧劍一口如意銀母一枚驅除

筆花怒發

凶煞逐散窮神俾二子騰達以襄文運即奏天閽無怠朕命（淨）叩頭接劒元寶（介）聖壽無疆（生）尊神請了（淨）仙官請坐（生）天門未闢不敢久停請了（淨送生衆下）（大笑介）妙呀妙呀自來說詩能窮人豈其然乎王之渙王昌齡你兩箇真替我詩壇爭氣也想你一箇被窮魔纏擾一箇被凶煞跟隨一箇整日價川塗未已一箇到頭來鋒刃堪危今日呵憑着我財源火發慧劒霜揮勦除六賊斬伏三尸好讓你高攀月窟穩步天梯鐘鳴鼎食翠繞珠圍烈轟轟吐盡詩人氣纔顯得文章有用天地無私

（虛下）（丑扮凶煞跳舞上）天地本無災祥、人心自有順逆、小人縱樂生悲、君子逢凶化吉、咱家日遊凶煞神是也、常與武夫相鄰、本與文人無涉、只因那些書獃子、自負高才、往往狂放、却不知造物忌才、人心好勝、楊修遭戮於曹瞞、禰衡被殺于黃祖、只爲恃才凌物、因此喪命戕生、今有江寧才子王昌齡命合凶終、因此守定他的命宮、待時而動、遠遠望見詩翁來也、且閃過一邊、看他說些甚麽、（淨更衣二童一持劍一持元寶隨上）

（油葫蘆）暫撇下詄蕩天門鳳尾墀。猛回頭星斗稀。則見

即就新年生情

些葦茭排户粉糍堆一箇箇廚煙司命方濃醉一處處題門帖遍迎祥字堪笑那鞭不來的聽與明賣不掉的獃共癡呀這斬新的神荼鬱壘桃符麗爲甚麼小鬼頭挨户把人窺。

原來就是凶煞、丑老詩翁、此時還不在家吃分歲酒、郤來這裏何幹、淨特來擒你、丑大笑介詩翁差矣、你本坐談之客、平日無事、讓你說兩句大話罷了、怎麼竟要向我輩面前支吾起來、不要去、看刀、戰介擒丑介丑跪求介我的詩爺爺、如今曉得你筆頭子的利害了、但我原奉北斗星君符命前來、因那王昌齡命中、註定該爲閻邸曉所殺、非同私意、望乞恕饒、〔淨〕王昌齡已奉玉旨赦免、爾旣不知、即速去罷、〔丑〕還有一件、吾神從不空行、却着俺往那裏去、〔淨想介〕有了、那閻邸曉自已不通、妒忌名流、秉心殘忍、就着你到閻邸曉的命宮裏去罷、〔丑起介〕妙妙、你看他們做詩的好會轉換也、正是好句不嫌尋活套、只須翻案便生新、〔下淨〕

〔天下樂〕原來這小小凶神早不支。搬也波移。轉換奇。從今後百祥滿門好馨宜。穩向那春風中排悶尋歌苑。秋月下銷憂把酒巵。高卧在平安詩窖子。

〔雜扮窮鬼破帽藍縷上〕飢來驅我去頗廻故人車結廬在人境屢空常晏如咱乃窮神是也開闢以來便與財神分位可恨那三界勢利的人不知俺的因緣妄生厭惡因此把箇神字兒隱起毀罵俺稱爲窮鬼那知道俺本巍巍大神神通廣大屬下的多有蓋世老儒通天才子名越享得重窮越受的凶今有并州王之渙在吾教下最爲出色因此與他寸步不離今當守歲之期暫行出舍遠遠望見那風雅教主耀武揚威不知何故不免向前相見老詩翁請了〔淨〕看笑〔介〕

【那吒令】看你這破丟丟敝衣。耐風前屢吹。忒楞楞瘦飢。向燈前自支。撲蘇蘇涕洟。任胸前對垂。堪笑這老夷齊采盡了薇。全沒有箇憐范叔的綈袍惠。只好尋幾箇挈拐棒的乞丐兒追隨。

【雜】老詩翁差矣、開闢以來、先有我、後有你、有了你、便跟定了我、吾神受封、在你之先、你怎麼也笑話起我來呢、你道我是窮鬼、便現箇鬼臉與你看看、【帶鬼臉】

〔介〕淨笑〔介〕

【鵲踏枝】看你這小鬼頭面目向誰施。便是你山魈的伎倆也本無奇。堪恨你于雲亭逐去還來。那容你勝業坊住處潛移。〔雜除鬼臉介〕老詩翁一發差了、那王之渙才高不合乎時理應窮死、俺奉北斗星君注定相隨你要驅逐俺那裏去、可笑極矣、〔淨〕你不知道王之渙已奉玉帝赦罪加官、俺要你另尋箇窮儒相傍。好讓那狀元公獨步瑤池。

〔雜〕不通、不通不通、那王之渙放着現成一箇狀元不要、甘傍吾神。他的才名焜耀。吾神跟他也甚有光彩。那肯相離。不通不通、〔淨〕此乃玉帝勑旨、爾敢違悖、俺便用慧劍斬你了、〔雜笑介〕雖。有。慧。劍。難。斷。窮。根老詩翁且教你看俺利害者、〔噴大氣一口介〕〔淨遠避介〕了不得、這股酸氣。實在難當。幾乎被他沖倒。有了。我有上帝賜的銀母在此。（轉介）老窮神。你我原是故舊。如何干戈相見。與你講和了罷。（取銀母變大小元寶。滿地介）（雜扮窮鬼一起上。同搶盡下）（淨大笑介）凶煞已除。窮鬼俱散。王昌齡。王之渙。你二人好僥倖也。

【寄生草】你半世含悲恨。三生忍凍飢。今日呵。不消你驅除虛耗鹽灰地。不勞你潛踪耳卜街頭市。只待你高枝穩折蟾宮桂。莫恃你毛錐兒。一朝橫掃五千人。那知我閔子裏神通帮襯功非細。

不免到他書齋。將俺這生花彩筆。化爲二枝。分贈兩

生者來此已是是好書齋也

【么篇】似這般縱橫書千卷。氤氳墨半池。不枉了揮毫對客稱名士。也合得看花上苑掄科第。那有箇冷吟閒醉爲長計。則待你一鞭得意到長安。爲甚麽華胥國裏躭春睡。

【立高處內發火光介】【暗放五色筆二枝供桌上介】【淨】妙呀

【煞尾】五色夜光芝。吐出文輝異。把彩筆雙雙贈你。是夢裏江花根共蒂。種將來別樣芳菲。看我閃靈旛一道風吹。回覆了紫極宮中玉帝知。則待你震詩壇鼓鼙。豎詩

衢○壁○壘○穩占取詩○家○春○色○滿○皇○畿○

音釋

鼓吹吹去聲　詄音迭漢書禮樂志天門開詄蕩蕩　籸音辛粉滓也月令通考除日舊送神焚松柴謂之籸盆　神荼音伸舒　鬱壘音玉律張衡東京賦守以鬱律神荼副馬即門神也

魈音消山鬼也

第三十齣　改籍　生上

【南呂過曲】【懶畫眉】萬里鄉關未歸人。隻影蕭條淚漬巾。每逢佳節倍酸辛。【小生上】臨風　且奏梅花弄古調吹來天上春。【生】元旦新節、小弟有一拜、【小生】小弟也有一拜、【同拜】【介合】

【楚江情】【香羅帶】三朝慶令晨。風光轉春。絲雞彩燕裝點新暢好是　煖窗梳洗整衣巾也。緊對着南枝索笑羅浮夢句。【小生】大兄小弟昨夜夢見一個凶神、跟着我獰獰可畏、却被一個錦衣繡帶的老翁、仗劔趕出、又贈我彩筆一枝。醒來還異香滿室、不知主何應驗。〔生〕小弟也得一夢、夢見一個錦衣老者、同一個穿破衣的人、角口半日、那老者就將手中一個大元寶、變出無數的元寶來、就有一起穿破衣的人、一搶而去、那老者臨行、也贈我彩筆一枝、光彩奪目、不想大兄也得此異夢、〔小生〕恭喜大兄窮神遠避、彩筆生花、自然是掄元的吉兆、穩看你名魁金榜冠衆軍。〔生〕大兄、你夢見凶煞退舍、自然千福迎祥了、〔一江風〕恭喜你 錦繡文章坐領春風運。〔背介〕只是那香閨可意人。何時締好姻。〔轉介〕〔合〕且抖擻新年興。

〔末上〕天涯逢令節、白首對芳春、裏面有人麽、〔叩門介〕

丑上門簿從頭寫封條徹尾新是那個末老漢李龜年、特來賀節、丑傳介請介入介各見介末二位老爺、交了新春、益發納吉了、生小生老丈旅中亦增喜氣、

末不敢老伶呵、

大砑鼓龍鍾衰病身。浮萍飛絮。潦倒關津。說甚麼屠蘇後飲交新運。枉抛了團圞骨肉。故園春何日還鄉見六親。

外持京報上鵲報新年喜、鶯遷上苑春、門上有人嗎、

丑應介外即煩通報、報喜人要見、傳進見介恭喜老爺欽奉特旨授史館修撰、京報在此、小生生同看介

吏部一本爲經筵事奉聖旨、博學宏詞王昌齡、着授爲史館修撰、充經筵講官、馳驛進京、欽此、［生揖介］恭喜大兄、［外］還有一本開恩科的京報、［生小生同看介］禮部一本爲特開恩科事、奉旨、會試舉子仍於二月齊集欽此、［小生揖介］恭喜大兄、［生］小弟是無分了。［小生］爲何、［生］會試在本年二月。小弟要回本籍舉送便星夜兼程。再到京師。只怕也趕不及了。［小生］這却不難、小弟祖籍也是太原。與大兄原是同宗。今就用了小弟江寧籍貫。改名延齡。與小弟排行。待弟面致縣府諸公、就在江寧送解。有何不可。［末］妙妙、老漢相與

的那些進士老先生。多有更改姓名。冒籍登第的。況
今二位還是同姓、是天假其便的了、
【前腔】更名利用賓榮華是我姓暫他人。等到榜後呵只。
須一紙呈詞進。便依舊復姓歸宗蔭後昆。何曾見紫誥
馳封與別人
【小生】李老丈說的是、明日就同壯行便了、【生】多謝大
兄、【向末介】弟與少伯兄同行。老丈與又華在此無依。
如今上皇已經起駕回鑾。老丈原是梨園舊人。定蒙
召用。就與我二人同行何如。【末】如此極蒙攜帶了、【小
生】我們今日不必出門、就留李老丈在此、小酌清歌、

以賞佳節（生）妙、

【尾聲】半年徐榻多歡幸。謝不了范張雞黍誼如雲。（小生）向生（介）大兄呵、好看你踏花杏苑占盡上林春。

漢家宣室正求才、知有文章達上台、
從此時時春夢裏、終南佳氣入樓臺、

音釋

抖擻音斗藪　馳音移

第三十一齣　榮覲　旦冠帶蟒袍雜扮女侍隨上

〔仙呂入雙調過曲〕〔步步嬌〕偶幹件非常的驚人事。勅命朝天子。纔將陷穽離。還一似噩夢初回。斷魂猶悸。遠恨繞天涯。日暮雲千里。

〔如夢令〕寶鴨燒殘香獸、一縷夢魂輕逗、燕語太叮嚀、說遍閒愁還又、春晝春晝、檐外落紅飄瘦、奴家被陷賊營、偶逢機會、與李猪兒合謀、誅了逆賊安祿山父子、蒙高都督特本叙功、因雙鬟係奴乳名、不便入奏、取名蘭輝、帶領朝見、適纔李猪兒差人來說、他已授司禮太監、賫了朝命前來、先送到御賜七寶珠冠一

此處調開高適乃可敘下文一段疑團且爲封侯作地

項鳳穿花繡袍一領、漢玉帶一圍、令奴家穿戴、接旨不免祗候、(丑領彩車人衆上)紫禁傳宮使、丹書詔女郎、(下馬捧旨進旦跪迎照常開讀介)奉聖旨高適已加陞西川節度使、前往迎請上皇。著司禮監太監李猪兒領宮車一乘、並賚珠冠鳳袍玉帶、宣迎謝蘭輝、入宮陛見、欽此、謝恩、(旦)萬歲萬歲萬萬歲、(丑見介)妹子大喜、(旦)哥哥大喜、(丑)王命緊急、請妹子登車、(旦上車行介)

(前腔)又走向彤庭的威嚴地。夾道爭窺覷。道是嬌癡一女兒。也能勾仰聖瞻天。拜舞階砌。又道是此去展蛾眉。

功賞應無二。

〔下〕照常設朝儀生外淨末扮朝官上〔合〕禁漏聲中接鷺班、御爐烟裏識龍顏、閶闔重覩昇平象、萬戸千門瑞靄間、〔生〕下官太尉房琯是也、〔外〕下官憲部尚書韋見素是也、〔淨〕下官兵部尚書王思禮是也、〔末〕下官中書侍郎裴冕是也、〔各見介〕〔内奏樂小生扮唐肅宗上〕

〔大石調過曲〕〔念奴嬌序〕宣威奮武。把乾坤整頓。依然重覩隆平。〔坐介〕綵仗雲端。花影覆金階。齊集公卿。〔各官朝見分立介〕〔小生〕掃清宮闕、再造邦家、皆諸卿之力也、追省狼虎烟塵。鴟鴞風雨。荊榛輦路感漂梗。〔合〕惟願取金甌鞏

此做琵琶記辭朝一折敘事詳核清空、如話未知與前人孰勝

固朝野清明

（退朝轉坐介）（文武官下）（丑領旦上）花迎劍佩星初落、柳拂旌旗露未乾、妹子少候、（進）跪奏（介）謝蘭輝宣到、（小生）即著朝見、（丑）出領旦入（介）（旦）叩頭（介）臣妾謝蘭輝見駕、願吾皇萬歲萬歲萬萬歲、（小生）朕覽高適所奏、你一個小小女子、如何有這等膽略、可將籍貫親屬、始末原委、一一奏來、（旦）

（越調過曲）（入破）謝蘭輝敬陳啟臣妾良家子先人傳家耕織烏衣之舊遥矣華冑難追遷住長安三代尚挂士籍早歲煢煢雙亡怙恃弱質伶仃不記漂流何底薄命難存

濟竟墮入教坊裏紅顏命雖則如此蝶浪蜂狂肯把嬌花拋棄自堅持誓擇才人方爲伉儷

（小生）曾許人否（旦）

破（第二）賤軀自傷難把朱陳擬酒樓風雪王生之渙相遇玉門楊柳偶歌佳句朋儕笑喜知已盟心婚姻定矣

（小生）曾成婚否（旦）

亥（第三）右相秉權要收個門下無雙士關節送來因不從干怒恚欲作安營黨羽刑罪將加逃往家鄉避最可悲他奔走難停我牽留沒計

（小生）那時你便怎麼樣（旦）

【歇拍第四】那日去後小門深閉風雨那憐花憔悴冠蓋斷錦纏稀珠桂饔飧惟仗硯田而已感母慈冷落秦簫完全趙璧

（小生）後來怎又陷入賊營呢（旦）

【中衮第五】鼙鼓震天烟塵起失伴荒山裏驚遇賊兵遭生擒無逃處困宮幃那有良謀但捹刀下死之天佑皇家翻馘賊歸

【煞尾】全仗國威僥倖生全耳加功賞兒女輩敢圖維佈微情仰皇慈伏惟陛下特憫微臣之志遣臣歸尋取兒夫隆恩莫比

出破若還得偕耦蓬茅同度太平世庶不虛流離患難生還里臣無任瞻天仰聖激切屏營之至

小生聽卿所奏真才節兼全智勇並著之奇女子也、朕即位後、已命禮部特開恩科、王之渙既負高才、必一來應試、此時若即宣詔將來掄元奪魁轉使人有因妻登科之議但恐別有阻滯耒即公車待朕密降詔旨與太原節度使令其起送入京塲後賜卿成婚便了。李猪兒傳旨閤部、女軍一百名、誅賊有功、各賞綵緞、奩金有家者歸寧父母、無家者各擇士人、官爲婚配、謝蘭輝勦除安逆父子、功高無比、賜號咸陽郡君、

皇后顧見甚切、即帶朝見、暫居宮中、候場後賜婚、另
降恩旨、（旦）謝恩介（丑）郡君隨俺入宮、朝見皇后者、（旦）
遍嘗萬苦千辛後、忽在五雲三島中、（丑旦同下）（小生）
世間有這等一个弱齡女子、且莫說勦寇立功、只這
朝儀無愆、奏對嫺雅、只怕古今也沒有第二個了、

由來戡亂奠洪基、　將相天生各自奇、
誰道淩烟高閣上、　還將粉黛畫蛾眉

音釋

戡音堪書西伯戡黎

第三十二齣　錯唁

老旦上

高臺古樹臥平沙。曾記諸姨走鈿車。燕子夕陽芳草渡。春風依舊酒旗斜。老身莫氏、自從遇亂被擄、倖獲生歸、田園已蕪、蓄積全空、只得仍到這旗亭上重理舊業、兵荒之後、十室九虛、雖然鋪面重開、生意却十分冷淡、所喜新主中興、開科取士、四方商賈、雲集京師、我這酒樓、也就漸漸興旺起來、昨日張又華從江南回來、到此看我、得知雙鬟姐死信、着實悲傷一番、又說那位并州的王相公、甚是多情、聞知雙鬟失散、驚慌無措、塲後必來訪問、若驟然說與凶信、恐怕慟

壞了他、若不與他說知、豈不埋沒了雙鬟姐一片真心、目今場事已畢、且待他來再作道理便了、

【北黄鍾醉花陰】白首當壚舊歡少。共滿眼青山俱老。看着這鶯燕隊賽嬌嬈。直恁褒喬。齊把我衰齡笑。爲甚的主顧逐年消。剩了些酒債尋常沒處討。

【下生上】

【南畫眉序】近丹霄。昨日裏科場事完了。看花紅仙界杏苑枝高。且抛離俗輩牽纏。訪問我佳人音耗。小生與少伯兄入京、因少伯才名久著、纔入翰林、便掌制誥、天子十分寵眷、小生改名延齡、冒籍入場、且喜三試已畢、入

京以來也曾遍處託人尋訪雙鬟消息爭奈毫無影響張又華已歸故院連着人去問他也說不知去向曾記又華說失散之時他與旗亭莫媽媽同行訪得莫家酒樓仍舊開張不免自往尋問一番〔向內介〕店家我到外邊閒步就來〔內〕相公那裏去恐有客來拜會〔生〕止在莫家酒樓不往別處

〔[illegible][illegible]旦上〕曲江春水應堪泝只愁迷武陵仙棹

〔北喜遷鶯〕青帘高弔漾朝暉曙色團焦飄也波搖早有個酒人到了好把這按酒的杯盤洗一遭擇了些芹共蒿雜和魚濃煎碎炒更把那攢湯兒配合薑椒

【生上】【南畫眉序】迤逦到春郊。轉瞬滄桑感懷抱。前面就是旗亭、兵燹之後、全然不是舊日光景了、只含烟新柳。還學纖腰。橫修堰。斷瓦。零磚埋曲徑。荒藤蔓草。【見酒標介】長安第一酒家、呀、這就是莫媽媽的招牌了、短籬一帶清溪畔。是前度看花曾到。【見介】媽媽、【老旦】原來是太原王相公、幾年不見了、請樓上坐、【生】並無他客、不必上樓、【老旦】就在這亭子裏邊坐罷、小二哥、送酒來、【生】媽媽請坐、也飲一杯、【丑送酒上】一杯一杯復一杯、單身客人、掌櫃的陪、相公如今生意冷淡從沒有欠帳的了〔老旦〕多講〔丑下〕〔老旦〕〔斟酒介〕相公、自從你出京之後、老身慘遭兵亂、真是一言難盡、如今長安局面、大不似從前了、

〔北出隊子〕怎禁架。亂離兵擾。那個來醉花間還傾濁醪。相公、你看這危欄一望足魂銷。那裏有繡幰雕鞍過小橋。空掛着這一幅青帘把過客招。

〔生〕三年轉瞬人世滄桑、記得我那時雪夜呵、

〔南滴溜子〕偶只爲衝寒雪前醉倒。聽清歌幾闋繞梁未了。乍逢仙娥嬌俏。知音兩意投同心誓偕老。誰知道今日重來。空落得萍絮蕩漂。

【老旦】相公你敢是想起雙鬟姐來了麼、【生】正是、小生自從別後、無日不思、這且不必講、只是如今杳無踪跡、媽媽、你當日是同他一齊避亂的、可知道些影兒、【老旦】那雙鬟姐嗎、【頓住介】【生】媽媽、小生尋訪的苦了、有話便說、爲何欲言又止、【老旦】天氣頗寒、相公且盡一杯、【生】媽媽不要作難、我那雙鬟姐、如今現在那裏、【老旦淚介】【生】媽媽、爲何傷感起來、【老旦】那雙鬟姐呵、

【北刮地風】他久已夢別了巫山天樣遙。【生】呀、難道他嫁了人不成、【老旦】不是他抱琵琶別締鸞交。他真心兒秋潭片月堪同照。【生】如此說、小生相見有日了、【老旦】相公、

只怕你盼彩鸞枉作文簫。隨智瓊難效弦超。你便走遍了關山古道。也難尋到碧海丹霄。（生驚介）如此說來莫非死了嗎（老旦）兀的不是也他這短命花風雨中先零落。到如今小魂靈如可招。還只怕裊虛空紫玉烟銷。（生哭介）我那雙鬟妻呀那知你竟抛撇了小生也

【南滴滴金】你生來輭脆的如花貌。怎當得無夜無明將愁恨繞。你伴飛瓊獨向瑶臺靠。獨自把一片石望夫心都化了。悵址海營陵術少。是耶非帳中人定杳。咳我王之渙四海之内只有這一個知已如今他捨我而去我更何以生爲拚着此生。把一切盡抛。

媽媽他得了甚麼病。就不起了。(老旦)若是病死。也還留得屍骸。裘具棺木。

【北四門子】他雖是肌銷骨瘦精神耗。却非關瘵共癆。(生)如此說是死於亂軍中了。(悲介)(老旦)說也可憐。那時節呵。狂風黑月人喧鬧。把那同夥伴的乍分離。撞着些不認識的紛攘鑾。(淚介)老身那時。同雙鬟姐。黑魆魆地一路行走。那知道遇着個婦人。就是楊丞相夫人。(生)楊丞相夫人便怎麼。(老旦)那時老身也不曉得昏夜之中。就同他一路行走。(生)一路走便怎麼。(老旦)才走不多路。遇着安賊兵馬。來拏楊家眷屬。就不分皂白。一齊擒拏去了、拏到那邊、只把老身釋放、可憐那雙鬟姐呵、生把那玉樣兒。嬌花樣兒。嬈裊春風一丟兒輕細腰。攬着那七百口無名的。村和喬老共髻一齊兒刀尖送掉。

生、大、哭、介、我的雙鬟的妻呀、跌倒介、老旦扶介、相公、甦醒、生起頓足介

南鮑老催 向天痛號。便千年刼盡。這冤未消。皇輿蕩析奇禍遭。單把個絕代人聰明種。摧殘早。今日呵昇平景物。依。然。好。喚。不。起。你。黃。泉。黑。海。冥。途。曉。綿。綿。恨。何。時。了。

又大哭介 老旦勸介

北水仙子 他他他、他如今已去的遥。你你你、你可知望

帝魂歸不可招。便便便便是你哭斷肝腸。也也也也滴
不到白楊衰草。請請請請休將熱淚拋。好好好好剗除
盡恨種愁苗。（生）媽媽叫小生怎樣丟的他下（老旦）待待
待待別選個甲第名門的蘭蕙嬌。且且且且將這離情
別怨從頭繳。莫莫莫莫神傷了奉倩少年豪。
（末扮店家領旗爪執事人等捧冠帶上）好酒真名士。
旗亭尋狀元。（見生高叫介）恭喜王老爺高中頭名狀
元了（各叩頭介）（生哭不理介）（老旦）王相公你中了狀
元了（末衆）禮部堂官老爺們都在那邊候着狀元赴
聞喜宴為何只在這裏哭個不住（替生更衣介）（生）我

這時候有甚心情赴宴那〔衆〕擁生上馬行〔介〕

【南雙聲子】傷懷抱。傷懷抱。縱富貴何心要。便做到。便做到。公侯位。都虛耀。現放着。現放着。紫鳳誥。紫鳳誥。可能彀夫妻顯貴並坐良宵

〔下〕〔老旦〕你看王狀元暢好癡情也

【北尾煞】兀坐在馬上垂鞭。畫出個斷魂稿。也不顧滿路人瞧。淚珠兒。都把。那御袍。紅沾透了。

音釋

泝音訴　團焦草屋也　堰音厭壅水爲埭曰堰　輭音阮　瘵音蔡

雅雨堂

第三十三齣　上頭

小旦扮張皇后領宮女內監上

【南呂引子】阮郎歸碧桃天上露初晞。春深日更遲。艱難常憶駐軍時。辛勤補戰衣。

赭袍新換麴塵黃、宛厥祠邊騎女桑、毗輔中興多內政、親蠶未了選齋娘、吾乃大唐皇帝正宮張氏、初爲良娣、今作元妃、方纔光順門朝見內外命婦、奉有聖旨、將咸陽郡君謝氏賜婚與新狀元王延齡爲妻、命我設宴宮中替他上頭、宮女們、御筵可曾齊備、【宮女】齊備多時了、【小旦】傳梨園子弟伺候者、【二侍女引旦】【上】

輕倩之筆如不經意直得元人神髓非但王家可見句處活入妙也

【前腔】落花幽恨少人知。宮鶯曉又啼。才郎何處會難期。春愁染黛眉。

（見介）臣妾謝蘭輝見駕、願皇后千歲千千歲、（小旦）賜坐、（旦跪告坐小旦親扶介）（小旦）謝郡君、你可曉得今日宣召之意麼、（旦）尚未奉旨、（小旦）聖上說你呵、

【南呂過曲】【香徧滿】儀容絕世。聰明勇智兼擅之。建立奇功光青史。只難佳配耳。昨朝臚唱期。王家有可兒。因此上敕賜合鸞鳳配。

（旦背喜介）如此說。王郎已中狀元了。可喜可喜。（轉跪介）臣妾婚姻細事、敢勞萬歲與娘娘聖慮、只是狀元

辭嚴義正自是烈女口吻

王之渙、與臣妾相遇之時臣妾本名雙鬟今改名蘭輝、不知他可知道（小旦）狀元不叫做王之渙。乃是王延齡。江寧人也。（旦）驚、背介、如此說、王郎不來應試、存亡難料矣、（淚介、轉跪介）臣妾愚昧、竊有一言、伏乞娘娘轉奏、（小旦）郡君請起、有話但奏不妨、（旦）臣妾與并州王之渙訂盟、曾經面奏、蒙皇上恩准密敕來京前日朝見娘娘、也曾奏過、

（朝天懶）朝天子 誓海盟山天地知。怎敢逢新知。把舊約違。

（小旦）皇上已降旨到并州去密召王之渙昨日山西節度使回奏到來、說王之渙五載並未還鄉、亂離之後、亦

補敘清楚

無一紙家書、本家疑其已死、又禮部同奏新科應試舉子、並無王之渙姓名、諒已不在人世、因此纔點了王延齡爲狀元、說他才貌無雙、不是此人、不堪與郡君爲配、你斷斷不可自悮、（旦）【水紅花】便王郎身故斷相思。（悲介）見無期。【懶畫眉】願相從地下同棲止。怎便偷息人間另畫眉。

（小旦）郡君所言自是正論、但你與王之渙原未成婚、聖上擇配、禮不可辭、況新狀元呵、

【二犯梧桐樹】【金梧桐】他高才古所稀。你美貌今誰比。正一對美滿夫妻。況主醮承恩旨。【梧桐樹】那王之渙呵、又不曾親迎合巹成鴛配。已做了絮散萍漂少會期。【五更轉】勸郡

解勸俱有情理

君即奉詔完婚配到明日呵你一見相如纔信道風流絕世。【旦】娘娘、臣妾萬死、【跪介】、【旦扶起介】、

【浣溪沙】罪不辭違恩旨也知道自增愆戾則只爲綱常限定非輕細因此上守死全貞無改移寧得已念賤妾微忱摯但求得轉奏回天便永蒙高厚仁慈

【雜扮內監上】啟娘娘、梨園教師李龜年、帶領全部樂工、伺候娘娘開宴、【旦】臣妾與王郎訂盟、李龜年盡知其詳、求娘娘傳他進宮來、一問便知、【小旦】郡君認得李龜年麽【旦】臣妾學歌、就是李龜年傳授的、【小旦】既

如此就傳李龜年進宮、〔監應下領末上〕〔末〕梨園弟子白髮新、猶唱開元太平曲、〔見小旦介〕〔小旦〕李龜年見了郡君、〔末背介〕這是謝雙鬟、那他已死了、如何卻在這裏、又做了郡君呢、〔見旦跪旦起避席介〕師父請起、〔小旦〕李龜年、謝郡君設計連誅安賊父子、又調去史思明强兵、恢復兩京、功勳懋著、聖恩嘉獎、賜與新狀元成婚、他執意不肯、你做師父的勸勸他、〔末向旦介〕這又奇了。那王狀元的黃河遠上詩句、原是郡君最心賞的。旗亭勝會。歌詩訂盟、又是郡君最心愿的。如今欽賜團圓。真所謂人間天上了。爲何反不肯起來。

科白之妙如久旱聽蕉葉雨聲神怡心曠

(旦)師父錯了。聖上賜婚的是新科狀元。(末)原說是新科狀元。那(旦)師父、你說新科狀元是誰。(末)請問郡君、你說新科狀元是誰呢。(旦)新科狀元叫做王延齡、是江寧人。(末)郡君、你說江寧王延齡是誰呢。(旦)我那裏知道。(末笑介)原來郡君還不曉得、江寧王延齡就是并州王之渙了。(小旦)這果然奇了。王延齡爲何就是王之渙、你快快奏來。(末跪介)娘娘聽啟、那王之渙逃出京城的時節、因怕楊丞相追尋、

(劉潑帽)潛踪不敢還鄉里。出潼關翻向南馳。郡君、你是知道的、那在旗亭上同畫壁的王昌齡、與新狀元原是

一人之交因此直躲到江南城内鴻詞第。後來老伶避難、也到江南、暫借依棲共遇在秦淮際。

（小旦）爲何更名改籍呢（末）聖主開科新狀元今年元旦纔得知道、家在并州途程遥遠、領解不及了、那王昌齡與他改名延齡、做了兄弟、入了江寧籍貫、纔得來應試的、

（秋夜月）逼考期。改籍來廷試。那主司歷試他身言書判、俱爲第一、只説道。南國詞人生來異。那知道。原是雲山三晉鍾靈氣。今日你二位、一箇是黃榜狀元、一箇是欽賜郡若、占風光無此有誰人似你。

此時雙鬟如何開口著筆殊妙

（旦喜介）如此說來狀元原是王郎主司薦士皇上御才與俺旗亭月旦合而爲一了

【東甌令】芙蓉鏡照無私不枉了遠上黃河舊品題王郎呵你瓊林獨占鰲頭位誰不道才華貴纔信得旗亭不唱別家詞公道在蛾眉

（小旦）

【金蓮子】說來奇纔信道才子世上希難怪你把婚姻固辭那王之渙呵他人間原少匹你直得爲情癡

（末）老伶不敢細問郡君當日失散何方因何得此榮遇（小旦）吉時已到俟宴罷命郡君與你細談即令子

弟們起樂送郡君謝恩上頭者（内打細十番介）（小旦

郡君隨我來、

【尾聲】樂聲催花光媚、未行酒憐卿心醉（旦小旦下）（末背

介）此時王狀元、不知可曉得謝郡君即是雙鬟、則只怕

乍賜到的婚姻還急殺了你

音釋

寙音窮究窳蠶神也　敇音赤

第三十四齣　釋疑　生上丑隨上

雙調引子　海棠春　返魂無術心枯槁。怎拜受賜婚恩詔。輾轉重思尋。須早上辭榮表。

下官自聞雙鬟凶耗、神魂凋喪。痛入心脾、雖則名魁金榜。已為燒尾之龍。其如絃斷瑤琴。竟同喪家之犬。昨日忽奉聖旨、將咸陽郡君謝蘭輝、欽賜與下官為婚、聞得這位郡君、才智無雙、兼且姿容第一、聖恩隆重、本不敢辭、只是下官與謝雙鬟、知己盟心、誓不相負、若見美而遷、另偕伉儷、死而有知、何以見雙鬟於地下乎、仔細想來、皇上聖明、斷無不曲體人情之理、還是委曲陳情上一辭表的爲是童兒我在內書房草表你在外邊伺候一切賀客但領來帖說我身子不快改日答謝（丑應介）（生虛下）（小生領副淨上）官顯偏多文墨債名高更爲應酬忙今日太原兄奉旨賜婚特來替他道喜此間已是不免竟入（丑迎跪禀介）我家老爺身子不快適纔吩咐一切賀客但領來帖改日答謝（小生笑介）你家老爺喜事接聯有何不快快些通報（丑）老爺有請江寧學士老爺到（生上）篇中未盡纏綿意門外偏多剝啄聲（相見介）（丑副淨下）（小生）恭喜大兄金榜題名洞房花燭天下第一等好事

竟被吾兄占盡正該大開東閣今日閉門謝客却是爲何（生出袖中表文付小生介）大兄請看便知（小生原來是道表文想是謝恩的了（生）不是是辭婚的（小生看過放下介）原來爲雙鬟之事虧了小弟早到這個如何上得呢（生）小弟與雙鬟訂婚是吾兄知道的呀

【金犯令】（四塊金）梁鴻孟光本意同偕老何期死生一旦捐中道（五馬江兒水）可憐他玉碎珠沉忍再把瑟鼓琴調俺寧可鴻飛孤影鵠守空巢纔是個平生不忘能久要（小生）大兄此言弟所不解孝重宗祧禮有再聘那有個訂盟

二君各執一義兩得其正故曲文各極其妙

中斷便終身不要之理【攤破金字令】豈不聞婚姻爲宗祧私盟何可膠況且你與謝雙鬟呵又不曾卻扇揮毫並不曾納采投桃何辭奏將明聖朝

這個表斷斷不可上的不要觸犯聖怒待小弟替你毀了罷（欲取表生袖起介）匹夫重義而朝廷旌之憐其志耳小弟此表呵

【江頭金桂】（五馬江兒水）也只爲良心難拗盟言未可拋向君門陳情懇告明廷上節義爲昭那些兒干聖朝（欲行生攔住冷笑介）大兄且停（生）大兄爲何見笑（小生）【柳搖金】則笑你狀元才虎繡龍雕獨有這大唐律偏未瞧到可曾

見過朝廷之上。有個不娶臣僚無兒覆宗。現有明罪條。況我聞得這位郡君呵、【桂枝香】最風流嫵媚無雙容貌。那安賊要封他爲貴妃、他抵死不從、反說合了李猪兒及百名女衞、誅了逆賊、並除其子、又撤去了史思明大軍。纔得進關、這等謨略呵、勝吾曹。配與你個才貌兼全女如何反作喬。

【生】雖則如雲匪我思存、小弟癡情已定、大兄不必攔阻、【欲行小生拉住介】這婚是斷不能辭、斷斷不可辭的、

【末急上】忙將天上事、報與箇中人、【見介】二位老爺如何在此爭論、【小生】老丈來的好、如今太原兄決要辭

婚專等你來解勸（生）老丈來的好我與雙鬟訂盟老
丈是個切據今日辭婚專等你來作證（末鼓掌笑介）
好笑好笑昨日老漢在宮中承應那郡君正在那裏
苦苦辭婚（生喜介）（小生驚介）（生）郡君也願辭婚好了（小
生）請問老丈那郡君爲何要辭婚呢（末）如今被老漢
說明是不辭的了（生慌介）爲何（末）從前郡君說他原
有丈夫已是死了要替他守節故此辭婚如今被老
漢說明他的丈夫原不曾死所以就願嫁了（生小生
各背介）這老兒怎麼糊塗了（同轉介）老丈這話著實
難解死了丈夫尚且替他守節怎麼丈夫現在反願

嫁起來呢。【末】二位老爺不知。那皇上賜婚的就是他原定的丈夫。所以就願嫁了。【生】小生各怪介是誰呢。【末】是狀元。那【生】大怪介我何曾有定下的妻房。真是奇聞了。【末】笑介狀元是有的。莫非忘記了。【生】老丈一發好笑。這是件甚麼事。如何會忘。【末】笑介【生】發急介老丈匿笑不止。定有因由。快請說了罷。莫要急壞人。【末】笑不止介【生】揖介老丈快快說明了罷。不要只管笑。【末】狀元如此著急。老漢也只得直說了。未說的時節。怕急壞了狀元。說了的時節。怕還要喜壞了狀元哩。狀元你道賜婚的郡君是那一個。【生】是謝蘭輝。【末】

你道謝蘭輝又是誰[生]我正在此辭婚却打聽他家世何幹[末]那謝蘭輝呵

【金水令】（五馬江兒水）恰便是旗亭佳麗雙鬟舊阿嬌[生]老丈戲言了雙鬟已死莫嫣嫣言之甚詳如何會活將起來

[末]非同相誑親眼曾瞧見佳人趨内朝郡君也因狀元名字不同籍貫又改錯認新狀元另是一個將這旗亭訂盟一事逐一奏明向皇后苦辭說舊有鸞交是老漢將狀元改名冒籍一段說明那時候郡君大喜皇后也大喜纔成禮而退宴罷之時老漢細問郡君說那日失散他與楊丞相夫人同擄進宮旗亭莫嫣嫣只在朝門

外釋放。他與楊夫人拿到宮門。李猪兒出來傳賊僞旨。將楊國忠家眷七百餘口。一齊殺了。却將郡君容宣入宮。逼他從順。因安賊害眼疼痛。將息月餘。就那個空兒裏。說降了十名女衛。後來安賊雙瞽。纔假意順從。與李猪兒同建大功。老漢聽得也就喜之不勝。因此急急赶來報與狀元知道。〔生〕扯末手問〔介〕當真。〔末〕當真。〔生〕果然。〔末〕果然。〔生〕大喜〔介〕如此喜殺我王之渙也。〔向〕小生揖〔介〕

〔金字令〕謝你頻頻的昌言指教。〔向〕末揖〔介〕謝你急急的破我鬱陶。俺王之渙今日呵。便臚傳再唱也不能如這遭。

〔末〕老爺喜事匆忙。老漢不便在此打攪。明日來叩賀

罷、（小生）正是小弟也要暫別、（各揖介）

收将衣上三年淚。看取堂前百喜圖。

踏破銕鞋無覓處。得來全不費工夫。

（末先下、小生）大兄如今表是不上的了、（各笑分下）

音釋

喪家 喪去聲 伉儷 音亢麗 配偶也

第三十五齣　合卺　丑上

仙女入雙調過曲　字字雙　我做長班最上前。靈便縉紳一部記來全新選苦辛賺得幾多錢有限。如今好了、伺候了箇舉子中狀元體面。

自家京師第一箇有名長班便是、六部九卿、翰詹科道、沒有一箇衙門不通、投供驗到、上任出差、沒有一件儀注不熟、最怕的、是窮翰林、一輛破車、將這精窮的衕衕、串遍了回寓、只討得一兩碗老米稀飯充腸、最喜的、是新舉子三年大比、向那極貴的寺廟、租住了安身、便賺的三五錢足色松紋到手、歸家來見了

妻兒廝叫一聲、便供獻幾味的、夜消纔博得一團和
氣、出門去、過着風雪、倒退數步、要伺候早朝的官長
那顧得兩腿稀泥、正是有福之人、人伏侍、無福之人
伏侍人、閒話休題、今日新狀元王延齡老爺奉旨成
婚御賜金蓮寶炬、十分榮耀、遠遠聽得鼓樂之聲、即
刻喜轎到門、不免去請老爺更衣前廳交拜、〔下〕內鼓
吹扮金瓜綵旗等項職事一副狀元及第牌奉旨賜
婚牌咸陽郡君牌並各高照又御賜金蓮寶炬二對
綵緞表裏一隊隊上下雜扮細十番傘扇侍女。擁花
轎繞場〔下〕〔副淨扮賓相上〕伏以佳人第二非。爲貴。才

子無雙始是奇。今日洞房花燭夜。昨朝金榜掛名時。奉請新貴人出堂。【生上】【副淨】伏以、金蓮御賜發祥光。高照新人拜畫堂。堪與嫦娥成美配。人間惟有狀元郎。奉請新貴人出轎。【侍女扶旦上】【副淨】望闕謝恩、【侍女扶旦同生謝恩介】【副淨】照常贊拜花燭介【生旦同坐衆送酒介】【合】

【節節高】香風度翠筵。裊爐烟。笙歌隊裏神仙眷。花遮面。人比肩。天從願。氤氳瑞靄蓬萊苑。晶瑩豔影嫦娥殿。明朝同拜九重天。雲移雉尾開宮扇。

【副淨】掌起御賜金蓮寶炬、送新貴人入洞房、【下】【女侍

提金蓮燈上生旦同行介合

前腔鐙明不夜天。月光圓。青衣轉疊紅毡片。裙花茜。袍繡鮮。冠珠絢。丁東響和雲璈囀。金鈎雙控流蘇顫。春宵一刻值金千。銅壺、五夜休催箭。

生旦更衣對坐老旦去旦蓋頭巾袱、旦急用扇遮面、

介、衆合

隔尾莫輕覷多嬌面。待彩筆詩成却扇。好笑他熟識的新人也把舊套沿。

衆全下生夫人、下官與你文字知心、離情萬種、今日喜得團圓、別後相思、正好披談、爲何不言不語、莫非

此波出人意表

有些怪着下官嗎〔旦〕妾身蘭輝並未與狀元半面爲何有此奇談〔生背慌介〕不好了受了李龜年的騙了我說雙鬟姐已死莫嫣嫣言之鑿鑿豈有現在之理如此怎處〔泪介〕〔旦自扇中窺見去扇介〕狀元你如此思念謝雙鬟爲何却與蘭輝在此成親那〔生看喜介〕原來是夫人相戲〔旦〕狀元

〔越調過曲〕小桃紅 羨你雲梯一踏上青天還怪你一旦把初心變也假饒奴駡賊身亡血碧黃泉你難道頓忘了誓約與盟言可記得坐梅軒擘花箋和詩篇相留戀也怎遇了美新婚美新婚便忘從前

（生）夫人原來錯怪下官侍女們、（老旦小旦上）（生）內書房有一道表章、快取來與夫人看（二旦應下）（生）

（前腔）下官呵、則爲着旗亭誓約最纏綿。因此上冒得罪干天譴也。正辦着殿陛辭婚瀆奏龍顏。猛拚箇碎首玉階前。少伯兄在此勸我不住、却得李龜年到來說明夫人前事、並道及夫人辭婚一段正與下官相同我與你兩箇、眞箇是節同堅義無愆志相憐情相眷也怎說道偶身榮偶身榮便忘從前

（老旦小旦持表上）表文取到、（生接介）（老旦小旦下）（生送旦看旦起謝介）狀元

【五般宜】多謝你守盟堅不肯負重泉看了這表章呵如見你悽慘慘淚漣漣也不是奴心窄多猜妬愁棄捐則只爲賜新婚疑忘舊緣奴家呵重輝名變狀元呵寧知再圓【合】今日証明纔見得節義雙全這恩情真繾綣

【生】下官在江南聞得夫人亂軍失散呵

【前腔】愁着你亂離間損朱顏還怕你逢猘犬泣春鵑也知你金石堅心無改只恐身不旋那承望你奏膚功深沉智圓重輝名變延齡亦然【合】今日証明纔見得節義雙全這恩情真繾綣

【生】夫人夜色已闌請安置罷

【尾聲】已拚做桃花杳隔春風面。那承望天從人願。(旦)是

不比隨例的夫妻合卺筵

烏絲漫寫定情詩。此夕人間會合奇。

恰似良朋天外至。西窗剪燭話相思。

音釋

衚音胡衕同　便忩忩去聲

第三十六齣　亭圓　丑捧詔領二雜上

（中呂引子）青玉案　聽歌賭酒尋常事。羨此日承恩賜。才子佳人皆絶世。太常筵席。教坊名妓。請看風流會。

咱家李猪兒、同咸陽郡君、共立奇功、仰蒙聖眷、加封驃騎將軍、仍管司禮監事、今日聖上因旗亭畫壁一事、道是高才勝會、有光文教、勅命渤海侯高適、學士王昌齡、並狀元夫婦賜宴旗亭、各加恩命、差咱家前去宣詔、須索走一遭者、（下）外小生生騎馬旦乘車從人侍女隨上（合）

（中呂過曲）馱環著　攞旌麾綺麗。攞旌麾綺麗。齊擁緹帷遶路

花枝遍街珠翠天上恩榮燕喜寶馬香車同到錦旗亭
正春光明媚排列著皇家珍賜似閬苑神仙高會江山
美錦繡圍看羽葆紛紜八騶成隊
（各下車馬相見坐介）（外小生）太原兄辭元得元才華
第一嫂夫人陷賊殺賊節慧無雙今日恩宴旗亭弟
輩皆叨光寵（生）（向小生舉手介）小弟避難相依借籍
成名（向外舉手介）賤內荷蒙救援連章表薦沒齒之
感夫婦維均（老旦上）貴人到處財星旺奇事看來老
眼花狀元夫人列位老爺恭喜待老嫗叩頭（外）你是
此間開店的莫媽媽呀別來不過三年如何頭髮就

白了許多呢、〔老旦〕貴人的美髯也花白在那裏了何況窮忙的老婢子呢、〔衆同笑介〕〔小生〕媽媽亂離之後、喜得好友俱各無恙今日聖上賜宴在此、還是媽媽當壚、更覺有興、只是又來打攪了、〔老旦〕老爺說那裏話來、小小酒樓、偶遇福星降臨、成就了千載不朽的勝地、如今又蒙聖旨、在此賜宴、此後老身的生意、那裏還忙得過來、這都是各位老爺及郡君夫人之賜也、〔生顧左右取禮物上〕我夫婦會合、始於旗亭、成于李謳年供奉、今奉白金五百兩、爲媽媽養老之資、即煩轉致又華、當初許他千金之聘、雖蒙賜婚、不敢忘舊、明日即當奉上、還有一說、又華鉛華雖謝。尚在中年。李供奉已與司禮同居。待我替他脫了樂籍。煩媽媽爲之撮合。成就他一段下半世姻緣。你道如何。（老旦笑介）妙妙、他兩人原是舊交、江南回來、更是膠漆、一說百肯、待老身明日就去說合、只是老身受賜不當、（生旦）薄酬休得過遜、（老旦）謝狀元夫人、（欲叩旦扯住介）（內開道丑捧詔上）（老旦下）（丑）天書來紫極、御酒敬黃封、聖旨到、跪聽宣讀、詔曰、經文緯武。本儒者之純脩。酬德報功。乃朝廷之大典。才當興運。盡效忠良。事出文人。即關風教。西川節度使高適。扈從上皇回京。面陳謝氏殺賊之奇功。並奏旗亭畫壁之逸事。藝林推重。佳話甚傳。狀元王之渙著仍復本名。改歸原籍。授爲翰林學士。代王昌齡掌制誥。咸陽郡君謝氏。晉封夫人。節度使高適軍功表著。扈從勤勞。晉位渤海侯。學士王昌齡。華國高才。制辭懋美。晉位禮部侍郎。金紫光祿大夫。即賜筵宴於旗亭。以彰才人之盛會。欽哉。謝恩。（生旦外小生同謝恩介）（丑）筵宴已齊。咱家回旨去也。來從九天上。歸入五雲中。（下）（內細樂。左設二席。外小生坐介。右設二席。生旦坐介）（外）君恩同賜。不敢安席了。（向上三躬。各就坐介）（衆旦扮女樂上）

歌傳內院無凡調、盡是才人絕妙詞、教坊官妓叩頭、

【外】兩兄、今日之會、一時特恩、千秋佳話、不必更奏別曲。就將我等畫壁之詩。叫他們照依原歌次序。逐一歌來。我等一面評詩。一面暢飲何如。【生小生】如此甚妙【衆妓唱寒雨連江一首】【外生同賛介】少伯兄此詩、寄情深遠。運調高華。無限感慨。盡寄詞中。卻都在言外。真是佳作。我想那辛漸是個才子。爲何並無和章。想也是太白公不題黃鶴樓之意了。

【山花子】夜聽寒雨吳江裏平明送客淒其楚山孤分袂此時問天涯謫宦襟期洛陽中親朋可知冰心一片清

若斯這新詩聽來神曠怡。歌妓進酒（妓送小生大杯各陪飲介）（合）同對瓊筵合盡金巵。

（妓唱開篋淚沾臆一首）（生小生同賛介）達夫兄此詩、原是五言長古。拈出來做了截句。益覺得言有盡而意無窮。繞梁餘音。聽之酸楚。那梁九少府從此不死矣、

（前腔換頭）夜臺追憶悲何已才高運蹇官卑篋重開腸斷此時。見前書委宛情詞于雲居元亭已非生前況復多別離。這新詩聽來當淚垂。歌妓進酒（妓送外大杯各陪飲介）（合）同對瓊筵合盡金巵。

龍標二詩實堪伯仲表出更佳漁洋評唐人絶句亦以奉帚平明

妓唱奉帚平明一首 外生同贊介 少伯兄你這二十八個字便抵得司馬長卿一篇長門賦了古來失職才人謫居遷客同這永巷深宮都是一般心事清歌入耳那得不喚奈何也

前腔 換頭 玉顏空負容華美平明奉帚徘徊羨深宮寒鴉曉飛帶昭陽日影參差扇輕搖芳心暗悲含情欲訴當告誰 這新詩聽來真耐思 歌妓進酒 妓送小生大杯各陪飲介 小生告乾介 只是小弟未免偏此一巨觥了 外 旗亭之會論妙雖歸太原兄論多卻是少伯兄還該再敬一杯 復送酒飲介 合 同對瓊筵再盡金巵

與朝辭白帝渭城朝雨同黃河遠上四作爲壓卷也

（妓）歌黃河遠上一首（外小生同贊介）必須兄此作沉雄高渾。一片神行。真是千秋絕調。豈但小弟們避席我朝前輩。名作如林。據小弟們看來。只有太白先生。朝。辭。白。帝。一。篇。堪。並。駕。耳。

（前腔）（換頭）玉門關劃風光止。黃河遠上雲迷萬重山層疊遶園。任羌兒短竹頻吹。奈邊城周遮柳絲春留客去悲路岐。這新詩奏來知者希。歌妓進酒（妓送生大杯各陪飲介）（外小生）太原兄天下雄才。清詞絕世。還不爲奇。嫂夫人年方弱齡。具茲特鑒。纔稱雙絕。我等公敬一杯。太原兄你要奉陪的了（妓再送生旦大杯各陪飲介）（合同）

對瓊筵暢盡金巵。

（旦）奴家叨蒙恩遇。竊附瓊筵。重聆雅奏。益覺醉心。願奉一巵。以申景仰。歌妓們進酒。（妓各送大杯衆同飲介）（旦）

【千秋歲】占騷壇合有淩雲句。難得是鼎足齊驅。天降文星。天降文星。共鼓吹太平風流。聯轡裙釵女。真惶愧。怎與你縉紳輩衡才藝。今日呵。共沐皇恩。美喜簪纓巾幗。一樣生輝。

（外）筵宴已畢。我們望闕謝恩罷。（全拜介）（合）

【大和佛】酒醴笙簧叨聖慈。恩遇奇。人生禍福總難期。憶

當時權奸構難人離散更遇著范陽鼙鼓犯京畿那意今朝再到聽歌地個個春風得意從茲後早把這畫壁新詩唱遍了酒家旗

〔雜扮花燈高照上各上馬登車同行介〕〔合〕

〔永團圓〕香塵滿路人似蟻看燈月兩交輝前呼後擁聲雜沸漸來到鳳城裏銅壺滴漏春遲轉覺良宵駛各赴鳴珂里長衢紫陌一處處門高畫戟圍更有金蓮炬紅裙妓送狀元歸第自古多才子幾個能如此

〔尾聲〕填詞永晝聊游戲裝點出旗亭遺事只當與畫壁的三賢酹一卮

才高定中狀元郎　公道由來屬戲場
一曲涼州冠黃榜　問何人道不相當
知音相遇古來艱　遺事應傳天地間
假使旗亭重畫壁　於今可更有雙鬟

音釋

緹音提赤色帛也　酹音類酹酒也

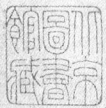

（清）金兆燕 撰

嬰兒幻傳奇三卷

清抄本

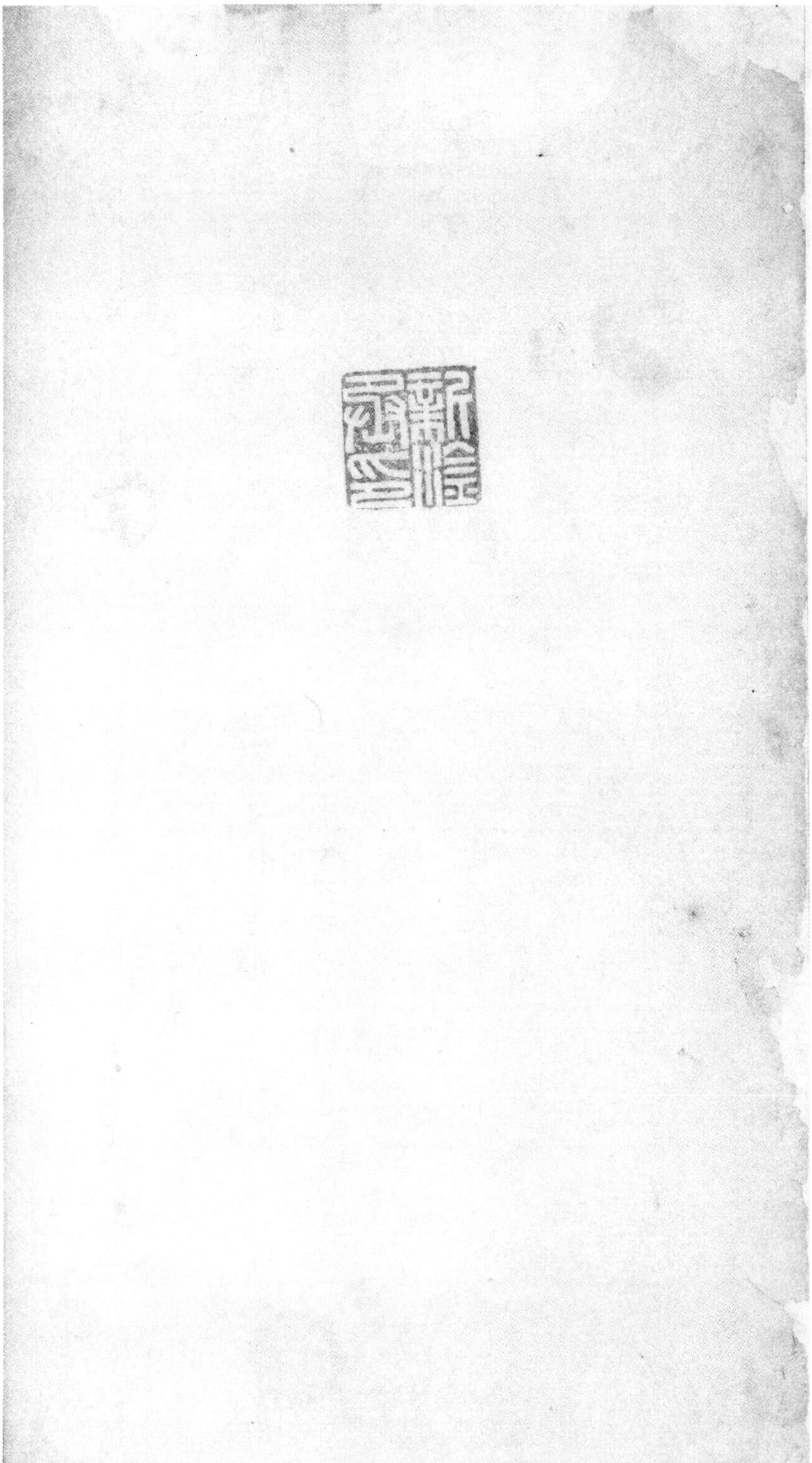

嬰兒幻傳奇

金兆燕字棕亭一字鍾越全椒人乾隆
三十一年進士官國子監博士生平
不耐靜坐跳躍多言笑時目為喜鵲
有棕亭詩鈔

佛門以童真出家易修易證性命圭旨亦謂童子學仙事半功倍老子云嬰兒終日號而不嗄嬰兒不知牝牡之合而朘作古今來能爲嬰兒者方能爲聖爲賢爲忠爲孝爲佛爲仙三教雖殊保嬰則一孟子曰大人者不失其赤子之心者也雖然處胎之時安浮陀時異歌羅邏時異至於嬰兒已非混沌無竅時比矣讀聖嬰兒傳奇者其勿以爲泥車瓦狗之戲也可

辛丑冬日棕亭金兆燕書

嬰兒幻傳奇上卷目錄

第十齣　演車

嬰兒幻傳奇

飛花閣填詞

標目 末上

〔漁家傲〕意馬心猿難自在憑空幻出真幽怪遇厄入魔觀主宰能不壞方知佛力洪如海　一部西遊綜大槩其中兒戲尤無賴三昧火燒誰得解甘露灑迴輪共入清涼界

牛魔王夫婦情險被妖狐閙

聖嬰兒英鋭氣虧煉火雲棧

唐元奘拜佛心不怕烈燄燒

觀世音慈悲力能救驕陽患

嬰兒幻傳奇上卷

第一齣

分鎮 生披髮雙髻大紅繡褶擺扮聖嬰兒上

【滿庭芳】天孕神胎山鍾靈氣童身初現寰中生非凡物今古有誰同兒戲偏能煉性轉輪腸光發熊熊椿萱茂仙源日永蔭下樂無窮

【蝶戀花】滿眼嬰兒何足數俗骨凡胎翻說生如虎便有寧馨堪自許英姿多被紅塵苦 惟我生來留太古勁氣錚錚不好人間武非是嬰孩誇大語神功只讓天公主自家聖嬰兒是也生來英物獨

拋仙胎牛魔王是俺父親位原紫府鐵扇仙為俺母氏籍占瑶池俺志逼雲霄那識蹈高蹐厚氣吞塵界何難倒海移山雙髻丫嶄然露角一身武藝卓爾穪雄疑今日之現身即是上清童子省他年之得道還同恒水小兒圓轉雙輪本純陽之未鑿光芒千丈由真火之常然任你鐵骨銅筋須臾鎔化焦頭爛額頃刻銷亡（笑介）正是到得大名垂宇宙方知小子本英奇言之未已爹媽早已出堂也（淨牛頭盔青面紅鬚青襟宮縧扮牛魔上）

（行香子）天上英雄那曉耕耘名山住樂偕同夢（旦翠

翅青襟扮鐵扇仙〔上〕笑持團扇不怨秋風〔合〕還心喜
兒頭角已崢嶸
〔生〕見揖介爹媽拜揖〔淨旦〕罷了〔各坐介〕〔淨〕集唐謫
居蓬島別瑤池上元夫人〔旦〕洞裏煙霞無歇時曹唐〔生〕
只此共棲塵外境司空圖年年歲歲樂於斯趙彥昭〔淨〕
我兒你連日在山習學甚麼武藝可說與我們知
道〔生〕爹媽在上孩兒呵
〔好事近〕英銳本家風更是珠庭仙種孩兒連日將三
昧真火煉成造有火輪車數千輛好不利害也生來
三昧神通運用無窮〔淨旦〕妙嗄〔生〕任蕭郎火井較炎

威全没些兒用小車輪省一轉煙飛大世界似千聲
雷動
〔淨向旦介〕孩兒如此英武真不愧吾家虎子也〔旦〕
正是還要把火性兒寧耐些〔淨〕吱想俺當日跟隨
那太上老君呵
〔凡盆兒〕入闕鞭指東來紫氣望中濃喜隨駕碧霄空
與那鸞驂鶴馭一樣御罡風後來謫貶塵凡猛忽的
獲愆尤遭謫落塵中〔低向生介〕便是要了你母親呵
也羞的泣對衣怕桃林不願從〔作得意介〕如今占據
火燄山纔得煊赫非常威權自便呢火山高威權尊

重看八百里勢炎炎氣騰騰光烱烱翻勝那天上的冷閒宮

（旦）你雖占據火山（笑介）若遇俺扇兒怕你的火不熄哩

【石榴花】休誇烈熖可燒空一謎家酷烈不和融須知道從來制尅有元工驕陽無度極陰逢況除煩在俺掌握中把舌尖兒綠葉輕翻動何愁你據炎山逞英雄旋教立地拜雌風

（淨笑介）我知道你那件寶貝能立刻熄火的不要嚇我了孩兒過來（生起介）有（淨）你煉成武藝也須

要威鎮一方纔得名高萬載（生點頭介）（淨）離此千
里有一座火雲山無人主領你今日便到那裡坐
鎮此山就此起身前去（生）是謹遵爹爹嚴命
【喜漁燈】謹承嚴命心尊奉從今去初生犢作試全鋒
看火車如龍風馳電逝紅雲擁把三千世界總煙蒙
（合）神通天生靈種（旦）泪介（淨）暫分離莫教淚濛
（生）孩兒就此拜別（淨旦）罷了（生）拜介（淨）
【剔銀燈】匆匆的辭家向火峰（旦）管此去名成仙洞（生）
男兒要煉光芒用（淨）笑舐犢徒然驕縱（生）起介（合）千
重雲山隔迴倩游神把音書遞送

〔淨旦下〕〔四雜披髮大紅繡火雲短衣扮小妖上〕〔生〕

孩子們就此往火雲山去者〔衆應介〕〔合〕

〔尾聲〕名山威鎮氣雄雄看百億諸魔尊奉〔生〕只是那

屺岵遥瞻思不窮

集　山中猶較勝塵中（白居易）　別是蓬萊第一峰（鍾離仙）

唐　暫放塵心歸物外（姚合）　家書頻寄兩三封（楊凌）

第二齣

仙宴雜麻姑鬏宮搭扮二仙女執拂二仙女執掌扇老旦鳳冠黃襟扮西王母上老旦

〔小蓬萊〕瑞彩瑤池滿襯又桃花結子繽紛羣仙勝會經期再舉光景常新

〔集唐〕王母新開一樹桃薛能日華遥上赤霜袍耿偉偏尋巖洞求仙者方干池上開筵列我曹汪遵

吾乃西王母是也功孚天地豈矜媧石之奇德重古今不鬪織梭之巧居蓬山之絕頂閱盡滄桑挽弱水之長流滌除塵垢靈根手種不老仙丹寶樹心培長生妙藥紀花開之歲月已經千遍霞紅欣

子熟之圓成更歷九還火碧從無獨享每邀鶴馭

鸞驂最喜分嘗殊勝交梨火棗正是尋常難遇蟠

桃會醉飽誰如阿母筵吋耐五百年前蟠桃正熟

被那花果山妖猴攪亂一番全仗佛力將他壓在

五行山下後來金蟬子降生唐朝為元奘和尚奉

旨西天取經觀音大士禀明佛祖把妖猴放出取

名孫悟空保護元奘西行還有謫凡的天蓬元帥

捲簾將軍俱是觀音指引皈依佛門求經護法只

是那鐵扇仙使酒謫落塵凡竟與老君座下青牛

成為夫婦生下一子名喚聖嬰兒將來自歸佛教

目下郤是魔頭今日仙翁菩薩同來赴會諒他們
定有一番議論言之未已早有仙真來到也雜道
冠仙衣扮二仙童外金冠仙衣白鬚執拂扮老君
上外
糖多令又報碧桃新還看玉洞春仙翁一樣醉醺醺
雜僧帽僧衣扮二侍者末毘羅帽袈裟黑一字鬚扮
靈吉菩薩上末早踏須彌山外路遥盼到絳堆雲
各見介金母稽首老旦仙翁菩薩請坐各坐介老
旦觀音菩薩為何此時不至末他往靈山禮佛敢
待來也細吹小生金冠綠褶扮惠岸小旦翠翹大

紅褶扮龍女正旦觀音兠玉色繡衣執拂扮觀音

菩薩上 正旦

鵲橋仙 人天願廣慈悲念切萬善難酬方寸如來叩罷得詮真又報那阿母青鸞接引

各見介 老旦定席細吹各坐介 合

八仙會蓬海春風獨近看一片雲烘山氣氤氳枝頭朱顆還丹初煉圓匀便綏山何為嘉種雖露井還非上品歡無盡恰好的綠蟻春濃紫霞光潤

老旦 仙女們舞花侑酒 八雜扮仙女上舞花介 合

羽衣第二疊 仙種遍生春異卉奇葩護根本想風暄

露沃吐舊懷新雙輪年年月月大陶甄豈刻葉雕花巧爭閨壼精神諦有眞每應候因時種類分栽培無不準肴生香不斷數華克敏幾許瑞祥曾上獻却誰知草木酬恩詞湍筆陣咏歌風雅繪芳魂吐納音華煥大文氣味尤親近慢說到仙郎美女對此添情韻拈來信手禪微哂飛空作雨天堪問共向這翠幕香茵氣難分影難分袖翩躚絲蝶穿飛迅舞罷慢廻身還同進霞觴滿勸樂嘉賓

老旦 請問菩薩為何來得恁遲

正旦 纔在靈山朝見佛祖道下界金蟬子呵

〔桂子佳期〕求經大品行程厄困驀地裡父子兵來險
把那師徒功損如來悲憤如來悲憤將威震命掃妖
氛倩傳慈訓云〔出丹向末介〕此一粒定風丹呵立刻
定飛塵滅火迴風勝欒巴酒噀
〔末接丹介〕原來我佛如此慈悲〔正旦向外老旦介〕
我佛道那聖嬰兒原有根行將來自歸我法門只
是牛魔鐵扇還要請二位上真降服哩〔外老旦〕體
仰佛慈合當盡力〔外〕貧道的青牛呵
〔桂子著羅袍〕天宮離剹凡塵求牝既不是褭錦情欣
因甚共牽牛夢穩〔老旦〕那鐵扇仙呵凡心未盡凡心

未盡因何跡遁怕久迷原本〔合〕兩貪雲戀已堪嗔陰爭陽戰尤難忍把從前寬論要將來恪遵只要他醒醐灌頂能知悔消盡情魔都反真

〔外末正旦〕仙宴已完我等告辭去也〔細吹外末正旦作別各先下〕〔老旦衆仙女合〕

〔尾聲〕瑤池宴賞歡無盡一席話大闡禪門從此省降服羣魔護善根

集　琪樹扶疎壓瑞煙　李唐　九重天樂降神仙　顧況

唐　空門說得恒沙刼　張喬　語并鋒芒慧劍堅　夏鴻

第三齣

春逭　貼艷粧扮玉面狐狸上

【夜行船】阿紫從來知事早被春風暗裏勾挑縱是仙乎非無情者也願作鴛鴦雙好

【醉桃源】變來頭面好容顏娉婷勝小鬟十分春滿鼎中丹何時成大還　須採補莫癡頑常愁花易殘眼前雄傑欲逢難情思多自燔我玉面仙姬是也雖由獸種已變人形欲證仙緣未超慾界煉千年之術擲去骷髏逞九尾之奇吸將精髓能為美女豈拘呼趙呼張慣會迷人都可姓康姓白久住

摩雲洞裏常思巫雨峯頭愛我丹爐貯長生之妙
藥借誰玉杵孕不老之仙胎連日天氣暄和時光
艷麗無限相思漸隨春長〔欠伸介〕阿唷好困人嗄
〔咬指凝神作倦態介老旦扮獾婆上〕風韻何曾因
老減情懷偏是逐春添〔見介〕仙姬你看如此春光
正該及時行樂為何悶坐在此〔貼〕哎獾婆我被春
光賺殺了也〔老旦笑介〕這又奇了〔貼〕
〔香遍滿〕時光催老春到芳心分外焦怎比得人間排
遣好〔老旦笑介〕我曉得你心事哩笑妖嬈凡情難打
熬你聽氷久了儘可也向氷人告

我也要代你作伐只是一時難覓你的對兒〔想介〕

〔貼扯介〕我的心事一向也曾談過你難道忘了麼

〔老旦〕哦是了你常說要法力宏深體裁雄健就像那鐵鎈峯牛大王纔好稱心滿意可是麼〔貼微笑介〕〔老旦細看貼笑介〕唉

〔懶畫眉〕你輕輕怯怯也是可憐嬌却念念心心愛的亭太牢〔背介〕他一枝怎借兩鷦鷯怕獅王窟裡鸞凰嘯〔轉低介〕恐悔覓箇大力耕田轉癢不搔

〔貼〕啐你偏有這些言語〔老旦陪笑介〕仙姬不要着惱我和你洞外尋春散悶去〔同行介〕〔老旦〕

【二犯梧桐樹】你芳心慾火燒怕滿眼煙花繞〈指介〉仙姬你看黃鶯作對紫燕成雙好不動你春興嘎〈貼〉啐〈老旦〉最難熬些些鶯燕把春風攪〈貼〉教俺迷留亂的情顛倒似醉如癡誰撥撩〈老旦點頭睨視笑介〉抵多少牝貓掉尾把春風吽怎耐得一刻兒情竅〈貼作嬌態回瞧老旦〉〈老旦背指貼諢下〉淨扮牛魔艷服帶執扇副淨丑扮二小妖上

【浣溪沙】桃林好顥水遥借閑游任我尋嬌看風光換去秋冬稿晴暖堪攜鐵扇摇我牛魔王偶爾春游來到此處你看山川秀麗花樹繽紛恍是仙居似非凡

境但不知是甚地方小妖〔副淨丑〕有〔淨〕此處是甚麼
地方你可曉得麼〔副淨丑望介〕大王這是摩雲洞的
地界嗄〔淨〕哦好所在好景致〔細看介〕〔貼內喚老旦介〕
玃婆這裡來嗄〔副淨丑望喜介〕大王快來看〔淨〕看甚
麼〔副淨丑〕哪哪哪哪仙女臨凡了〔淨望介〕在那裡在
那裡〔貼上驀見欲避介〕〔淨癡介〕〔老旦上認介〕呀原來
是牛大王〔貼回顧立住〕〔淨看不應〕〔老旦近前向淨介〕
大王可認得玃婆麼〔淨仍望旦〕〔旦目送淨背語介〕原
來就是他〔副淨丑看三人神情自語介〕他們竟是熟
識的嗄〔做鬼臉介〕〔淨〕妙嗄天緣巧偶逢織錦仙姬笑

引牛郎立地魂銷

（向貼旦介）何處仙娃我這裡見禮了（半揖從上視
下介）（貼荅福亦細視淨介）（老旦）這就是摩雲洞的
玉面仙姬嗄（淨）哦久聞久聞（老旦）這就是牛大王
你心上常（貼掩老旦口介）（淨）為甚麼不許他講（副
淨）想是不好聽的話了（丑）正是（貼）獾婆我們回去
罷（淨攔住介）請請請慢如此春光須當及時遊賞
若返仙居只怕倒覺得寂寞哩（笑介）噲可是麼（貼
嘆介）（副淨）只一歎有些意思呢（淨扯老旦介）獾婆
我有句說話這裡來（淨向老旦低語介）（貼）畧近作

聽介 丑看神情做鬼臉介 淨 這仙姬可曾匹配否 老旦搖頭介 尚未 淨喜介 妙嗄 副淨丑 若未曾嫁何不與我家大王做箇小奶奶罷 淨唱介 誰要你多嘴 副淨丑 我是老實話 淨 獾婆

劉潑帽 覷仙姿不比的塵凡貌怎不畫屏中貯艷藏嬌 老旦 俊眼兒偏欲擇雄豪 淨 原該斟酌纔是 副淨 我家大王身長力大 丑 難道還不中意麼 淨 怒視副淨丑轉笑介 老旦回望貼 貼畧退仍聽介 老旦附淨耳介 副淨丑作聽不出介 貼喚老旦低語介 老旦笑向淨介 他那裏一些些常背地將英名表

淨拍手喜介 哦他竟竟有意於我好快活嗄 副淨丑學拍手介 慢些還未成好事呢 貼 攛婆這裡來 淨推老旦介 快過去 閃老旦後聽介 貼

【秋夜月】休亂道說的來多惹笑 淨 那箇敢笑 貼 俺偶然評論英雄調何曾有意求犀照莫認俺風雨清嘯竟衾裯甘抱

淨 嗄嗄嗄 老旦笑介

【東甌令】伊休作假莫賣俏咫尺的事兒千里遥每思量伏虎的威風跳 淨點頭介 老旦 就是這青頭角 貼作嬌態介 淨顧盼得意介 副淨丑睨視背介 你看大

王竟要風魔了〔副淨丑〕看媚能惑主多圈套大王呵你須辨着尾粘尻〔淨〕阿呀我也急了嚨〔老旦副淨丑看神情笑指介〕

〔淨〕

〔金蓮子〕㳺牧郊自許俺通淫合牝孳生早〔笑向貼介〕况往日蒙伊神久交今日阿要角兒穴中抛你休駭儘可把琴調

〔摟貼貼作拒介老旦〕不必性急他久有心你又相見速速着人說親斷然必成好事〔副淨丑〕噲只怕娘娘曉得怎樣了哩〔淨正色介〕那裡怕得這許多

副淨丑背笑介好大話嗄淨獾婆

尾聲敢人世上十二金釵難比了老旦大王只怕你黑孜孜牡丹花春倚玉容嬌淨明日就央你説媒副淨我做箇伴娘罷老旦天色漸晚請回罷淨作急介阿呀我倒不耐春山這一宵

淨扯貼貼掙脱同下淨錯摟住丑作醜態介丑是我各笑介

集淨欲結靈姻愧短才潘雍老旦怕虛勞神女下陽臺蓮花妓

唐舍情一向東風笑羅虬丑大王引得你夜夜愁風怨雨來湘妃

第四齣

許婚 貼扮玉面狐狸上

二郎試畫眉 風流線繫着箇心上寃家在我心內懸憶昨日相逢多眷戀休言異類相思一樣牽纏我玉面仙自與牛王相遇兩下情投十分眷戀只待他來說合便可成就良緣今日等了一日還不見來你看日漸黄昏好凄凉人也盼着箇識趣蜂媒通繾綣怎不見青鸞信便 嘆介 似只般烟寒草冷凄凉院風嘷雨嘯難眠

老旦扮獾婆上 靈姻由宿締 丑扮小妖上 仙偶自

令成〔老旦〕只裏來〔進洞見貼介〕嗄仙子外面有箇識趣人兒要來求見〔貼〕懶應介〕甚麼識趣人兒〔老旦〕你見了他自然是識趣的待我叫他進來嗄只裡來〔丑見貼介〕嗄仙子萬福〔貼〕嗄你是甚麼人也不見甚麼識趣嗄〔丑〕小妖還不曾開口若開了口〔笑介〕就有趣了嚯〔貼〕休得亂言你是那裡來的到此何幹〔丑〕仙子不認得我麼〔貼〕不認得嗄〔丑〕嗄不認得不瞞仙子說就在前村洞裏居住洞裏有一老牛忽然病了草也不喫水也不飲只是昏昏沉沉睡在那里〔貼〕嗄老牛〻〔作想介〕便怎麼也該請箇

獸醫省省嗄（丑）當時請了箇獸醫來（貼）獸醫便怎
麼（丑）那獸醫也與目下時髦醫生一般搖搖擺擺
到了牛圈中便說道（貼）嗄（丑）
（集鶯花）這村牛抱病口流涎那形狀堪憐（貼）想是他
當風卧水生勞倦（丑）不是他說竟是害的相思病哩
笑介（貼）亦笑介牛有甚麼相思（丑）雖然是箇老牛七
情六欲與人一樣的嚯一般的風流債牽相思病纏
（貼）愁眉介只到難醫哩（丑）一些不難若要他病好呵
必須遂得他心願（貼）如今你來何幹（丑）我歷遍名山
訪至此有緣漫道是無緣

〔老旦笑介〕奇哽

〔囀鶯兒〕龍鱗虎口抱病喜遇仙是真人法術通元〔貼〕未聞醫得吳牛喘一謎家滿口虛言〔丑〕都是真話甚麼虛言〔貼〕說的來有如活現〔丑〕這病要箇女獸醫方好醫他〔老旦笑介〕只怕要箇女獸醫哩〔丑〕除是仙子去方能救得他〔貼〕吽我怎樣救他嚯〔丑〕仙子你若不救他呵怕做了染藍塗面〔貼〕唉恁糾纏俺靈心一點早已識根源

我曉得了不是村中老牛乃是天上牛王可是麼

〔丑〕不差我家牛大王與仙子呵

鶯集御林　遊春巧遇武都巔看兩意纏綿（貼）唉我與
他有甚纏綿你慣會牽牛又來將馬騙我呵似聽春
氷疑團難免（老旦）何用疑心一定是允他了（貼）也何
用來相勸勉（丑老旦）你前日箇初相見已愛憐今日
呵牽成一線正是好姻緣

（貼）

黃鶯學畫眉　休道好姻緣莽牛郎情易遷（愁眉介）怕
他心被芭蕉卷（丑）我家大王若招了此親再不到芭
蕉洞去了（貼）只怕未必嗄（丑）我大王與仙子呵天日
鑒山海盟堅與那鐵扇仙呵于飛拆夫妻情變（貼）但

願他秋風冷落抛團扇方遂我終身願
（丑）這箇自然多謝仙子見允就此告辭回覆大王
擇日拈贅便了（作欲行）（貼攔住介）且慢商量（丑）仙
子已允還商量甚麼我去了既得他心肯是我運
通時（下）（老旦）恭喜仙子賀喜仙子（貼）喜甚麼（老旦）
哪
【描兒拖尾】牛郎玉女同是紫霞仙何幸塵寰雙遂願
如今扭作並頭蓮姻連只願你芳心不變便是命裏
遭逢結下緣
集（貼）擬托良媒益自傷（秦韜玉）怕等閑裁破錦鴛鴦（施肩吾）

唐〔老旦〕你靈妃不降三清駕（曹唐）他夜半潛身入洞房（韓偓）

〔貼〕啐〔老旦〕笑同下

第五齣

贅魔副淨丑披髮假面紅龍箭衣扮二妖上

木客為朋友花妖是至親我等乃火燄山牛大王麾下頭目是也（丑）哥好笑我家大王這副嘴臉有了箇鐵扇仙恁般標緻心願也該足了又苦苦的呌人到摩雲洞說親要招贅甚麼玉面仙子誰想他竟允了今日大王在娘娘面前告了遊仙的假悄悄的望摩雲洞入贅好不熱鬧興頭（副淨）正是我家大王今夜與那玉面仙子成親一定要扎扎實實鏖戰一場哩（丑）這箇何消說得只是那牯牛

身軀雖大鞭子甚小〔笑介〕恐不是那人的心事〔副淨笑介〕難道那牛鞭子你受用過的怎麼這等在行嗄〔丑〕休得亂説我那日在鄉村裡見兩條牛在那裡如此如此如此那一點點兒〔各笑介〕不要笑話此刻吉時已近想大王要行合巹之禮了我等且在此伺候〔内吹打〕〔雜披髮假面紅龍箭衣扮二妖〕〔淨牛頭盔紅襟扮牛魔上〕

〔天下樂〕塵凡謫下老頑仙玉洞春生喜有緣摩雲又有雨雲天籹就新人駕鳳軿

我牛魔王今日與玉面仙子聯姻真是喜自洞中

出春從天上來侍女們【內應介】【淨】快扶仙子出來交拜【衆應介】細吹四旦扶貼鳳冠紅襆吹打上交拜定席各坐介【衆跪介】請上酒【合】

【錦堂月】一般的酒酌金罍絲牵繡幙狂魔配合飛仙恍入天臺笑把碧桃花撚鴛星橋似天上牛郎調錦瑟豈人間玉面風流願成就了洞裏夫妻蕊珠宮殿【淨】侍女們掌燈送入洞房【四雜下】四旦應掌燈引淨貼行介【合】

【僥僥令】花燈排火樹鳳管奏鈞天試揭紗籠問阿紫定道是喜令朝遂宿緣喜令朝遂宿緣

〔尾聲〕跨紅鸞偕鳳願姻緣成就焰摩天〔淨〕美人嗄只怕的慾火騰騰并劫火燃

集唐　桃源仙子不須誇（司空圖）　雲髻盤時未破瓜（韋莊）

莫道非人身不暖（白居易）　輕盈嫋嫋占年華（劉禹錫）

第六齣

亭話小生僧帽元色褶宮縧掛念珠扮元奘和尚乘馬上

【北點絳脣】慧炬雖燃愛河非淺遭磨鍊好把那六度持堅纔得箇真如見

【集唐】心臺照耀百千燈白居易萬境心隨一念平齊己十萬里程多少難李洞方知僧裏有唐生段成式

我元奘和尚是也幼懷貞敏早悟三空之心長契神情先苞四忍之行凝心內境悲正法之陵遲棲慮元門慨深文之訛謬受聖君恩旨廣結善緣求我佛精言翹心淨土次第収來法嗣原皆選佛之

人馳驅得此良材即是馱經之馬關津道路口不
言勞春夏秋冬心奚辭倦但一路魔難甚多受了
許多驚恐正是誰把金繩開覺路難將寶筏渡迷
川只幾日路上平安畧可寬慰不免唤徒弟們趲
行前去〔向内唤介〕唄徒弟們快些走唄〔老生金箍
黄僧帽黄羅漢衣虎皮裙黄緞靴扮孫悟空執金
箍棒上〕
〔南劒器令〕荷杖護金蟬為求經敢辭勞倦〔中淨僧帽
猪臉元緞羅漢衣執釘鈀扮猪八戒〔副淨青臉金箍
醬色羅漢衣執月牙鏟挑行李扮沙僧上〕〔合〕緊跟隨

代將馬策（中淨向副淨介）趲行好趂炊烟

（向小生介）師父（小生）徒弟快些趲路嗄（中淨）哦敢是師父餓了要去化齋麼老猪也有此意快走快走（老生）不要多言聽師父吩咐（小生）徒弟嗄

【北混江龍】第一是靈山結願早早的覲青螺拜赤蓮博得箇低眉俯察俺便好叩首真詮（老生）師父説得有理（小生）但願得心印傳來明鏡臺慧燈照向雨花天怕的是斬不斷葛藤纏理還亂藕絲牽岐路泣受淹煎捷徑錯反遲延更有那層層慾海起風波茫茫星劫多爭戰早趁此風和煙靜速過了峻嶺深川

（老生）師父路途遥遠也不須如此着急自然有日得到靈山

南桂枝香山長水遠奔馳休倦（中淨）正是不能一步走到的何必如此着急嗄（副淨）二師兄不要多言且聽他講（老生）數定着有日朝山心急也何能逐電（副淨）點頭介（老生）徒思縮地徒思縮地目圍空睠脚跟須遍（小生嘆氣介）（老生）莫慽然心徹琉璃地身超自在天

（中淨背介）這猴子倒會講話哩（小生）不必多言快些走罷（行介）

〔北油葫蘆〕雖則是湫湫西天路萬千漫說道急行人難致遠怎得箇金繩覺路向鷲峰前蓮花承步蜂臺現無生徹悟神通變〔中淨〕只是路途遠魔頭多〔小生〕那裡管峭芒鞋總踏穿狠魔頭多歷遍早則是善燈一點無更變〔向老生介〕全仗你棒喝野狐禪〔內作雨聲介〕〔老生〕雨來了〔中淨〕我說天要陰呢〔副淨〕前面有亭子一座請師父進去避雨〔小生下馬介〕各進亭坐地〔老生中淨副淨各放棒釘鈀行李介〕〔小生〕好雨嗄〔中淨抖衣拂行李介〕〔小生〕何為龍氣吐來多頃刻爭流滿澗阿澤潤生民天意厚却

教行脚阻如何這般大雨難以行走想箇消遣法兒纔好〔中淨〕哦待我説箇笑話兒罷〔老生聽介〕又來多講〔小生〕嗄悟空徒弟聞得你五百年前大鬧天宮可試説一遍與我聽者〔中淨向副淨介〕這箇比笑話更好聽些〔老生〕師父嗄想你徒弟五百年前呵

〔南八聲甘州〕仗着神通幻變把無明激動攪亂坤乾天兵十萬誰敢當吾威展宮開不待閶闔叫呺沸偏教鬢髮燃喧闐若不是佛力呵怎得在五行山靜待真詮

中淨師父這纔是跳猴戲哩老生啶副淨笑介中
淨師父你只問他我當年也是天蓬元帥為調戲
玉女謫降塵凡悞投豬腹弄出只副嘴臉師父可
知道麼老生饢糠的夯貨也來誇口小生八戒嗄
你雖然形容如此心性原靈如今隨我西行將來
定有好處中淨好處在那裡老猪只要喫能了就
彀得緊了小生唉徒弟
北天下樂你本是位列天蓬掌著大帥權名也麼傳
名傳玉殿前驀忽的欲種緣便把那投壺玉女手牽
動情癡他不然謫塵凡你獲愆今日箇要脫凡胎只

待等上靈山方得回本面
〔中淨〕師父佛門做和尚也好只是不要老婆不喫
葷腥〔咽唾介〕有些難熬哩唉只也說不得了
〔南解三醒〕只為的身沉慾界又為的命惹塵緣雖則
是空花幻影當頭現也難受苦熬煎肉香豈惟三月
捐情味偏教一刻鮮〔老生〕這獃子還想高家招親的
事好笑嗄好笑〔中淨〕我今無怨只願得前生業盡還
說甚舊日冤牵
〔小生〕汝能悔悟再不墮輪迴之苦了
〔北哪吒令〕寸心知急轉旋到頭來自洗鍊遠靈臺通

一線險西方着幾鞭何愁苦惱纏休將色慾牵你試把雙鐵鞋走的難停千金擔荷的不軟那其間纔識成全

〔中淨〕果然有這箇日子就苦煞也是值得的〔小生向副淨介〕悟靜你也說一遍兒〔中淨作呵欠介〕〔副淨〕徒弟本是天宮捲簾大將只因打破温凉盞謫下人間在流沙河内安身幸遇大士垂慈師父救拔拜佛取經將功折罪

〔南醉扶歸〕捲簾大將身遭譴流沙弱水駐經年激浪衝波恁狂顛幸逢大士垂慈善把沉淪觧脱出深淵

隨師父把真如見

（小生）正是我等師徒聚會都是觀音菩薩法力更有降妖服怪那些慈悲也說不盡哩

（北高過金盞兒）歷艱危一件件總是命絲懸救星兒觀世音來前若不是尋聲頻救苦怎得箇韋邪遠慈悲處終身莫報惟骨鏤并心鐫

（老生中淨副淨點頭介）師父可謂不忘原本了

（南安樂高歌）都是生來慧性況善根原種梵行精虔親銜天命遠揚宣應登福地心如願雖是遭磨折諒也合逃邅及到愁難遣旋消滅盡安全何曾竒厄把

軀捐思靈感真妙元總依南海到西天

〔小生〕悟空不知此後還有幾多魔難呢〔中淨倒地睡介〕〔小生〕

【北寄生草】從今去路萬千徒弟嗄〔老生副淨應介〕〔小生〕凡遇着峻山深谷難縈戀霏煙鎖霧防災變〔向中淨介〕〔中淨睡不理介〕〔小生〕情河愛海休留念〔老生〕師父但請放心有徒弟在此〔小生〕雖然咒鉢現青蓮何如超岸瞻金面

〔老生〕師父嗄

【南皂羅袍】只要你心持戒律似長天秋月水上青蓮

翹心蕩惡總超然澡身浴德成弘願縱三千法界經過數年三車妙辯終歸眼前操持莫惰菩提願

（小生望介）雨止了我們趲路去罷（老生向副淨介）快把戲子喚醒了（副淨推中淨作夢語介）（老生揪中淨耳中淨哼介）（老生笑介）（小生喚中淨介）悟能快快醒來（中淨驚起揉眼望天作欠伸介）阿呀正在做夢喫齋偏偏又催起身了（小生）快些走罷（小生上馬老生執棒中淨執釘鈀副淨挑行李介）（小生）

（北煞尾）雨霽碧天青雲斂殘陽現着足下泥濘難免

〔小生〕哦是了敢為我禮佛心堅慧雨仁風遍〔向副淨介〕徒弟引龍駒飲吸飛泉〔向老生介〕整芒鞋跋涉郊原〔向中淨介〕休戀着夢幻黃粱〔合〕可也怕心上魔生亂性禪

集 憂喜心忘便是禪 白居易 雲門天竺舊因緣 李涉

唐 取經海底開龍藏 皮日休 走馬西來欲到天 李太元

第七齣

神閧　丑扮火燄山跎土地上

〔紇索調〕毛神運窮這猴子兒把我生生葬送我本丹爐職守小仙童幾曾料幾曾料損罹塵夢（恨介）噫恨他走去須彌外把我推來在刼火中（内放烟火介）（丑望介）哎呀炎山邊頭腦忒冬烘牛魔王牛魔王威令頗兇威令頗兇

我乃火燄山一箇跎土地是也原是老君座下燒丹童子只為孫猴子那廝推倒仙爐老君怪俺防守不嚴推下雲端跌得彎腰跎背蒙玉皇見俺可

憐放了箇火燄山土地這火燄山有箇牛魔王十分利害妻妾孩兒各據一山我雖是箇神祇倒要受那妖魔節制好不愧恨只也說不得了閑來無事與各處同寅土地做箇老兒勝會這便是俺為神的樂事了今日該是我做會首已差小鬼去請那火雲山鐵鎈峯摩雲洞三位寅兄同來赴宴此時也該到了哎

【又一體】土地公嗄說甚麽為神尊重那些小妖呵逢着我也不甚多般敬奉做了箇背時的跎鬼還受那兇惡的魔頭美（哭介）提起來泪盈胸只落得斷了香

煙倒了齋宮破衣衪常把那泥身擁還怕那燄騰騰
燒了肌膚熱烘烘炙得皮毛痛你看這樣地方那有
人來燒香還愿只得向別處有錢的土地借了些喫
殘雞魚等物叫小鬼收拾起幾樣菜兒少停見了他
們是向他恭恭喬粧體面一時中酬神請客酣然飲
了數鍾他雖然應允〔嘆介〕哎呀這永字號酒席恐貽
笑於大方那裡有雞兒白肉兒紅就是那野簌山肴
也要上蛀蟲神雖會席不豐怎得同僚喜色濃〔雜扮
小鬼上〕老爹各位公公都已請下菜已烹好了〔丑〕妙
嗄待我看來〔雜〕不消看得無非青菜豆腐而已〔丑〕雖

非佳物只要豐盛雖沒有推盤滿盏珍羞美到底是
家有庖丁菜不同〔雜〕拱手介承賛承賛〔合〕好家風好
家風我小小跎神做大東〔雜〕你小小跎神做大東
〔下〕副淨扮火雲山矮土地上暫離侏儒國來登火
燄山自家乃火雲山一箇矮土地是也今日火燄
山老跎寅翁相邀做老兒勝會須索走遭也
〔又一體〕老朽神祇伺候箇少小魔王十分怕恐他的
尊翁是大力雄他的尊堂有鐵扇風火輪中駕着一
箇粉捏孩兒粉捏孩兒還搦着火鎗飛動惱一惱地
軸消鎔天柱推崩我衰翁蒙他寵借點威風去嚇愚

祇多少的祭賽祈求落得些牲牢受用兀的不是喜
煞了矮公公喫了却又喫時時喫不盡還有轉輪的
會期逢今朝又邀我兀的不是喜煞了矮公公
（中淨扮魔雲洞瞎土地上）喒老公公你可是火雲
山的寅翁麽（副淨）正是原來是摩雲洞的寅翁請
了敢也是赴會去的麽（中淨）嗄寅翁前面是火燄
山了一同踹箇官步兒去（作瞎揺擺介）
（又一體）昨日裡猛聽見一張帖兒相送説道是火燒
頭做勝會集羣公我一夜清清也楚楚打掃了喉嚨
酒肴兒預備來填空好菓子順帶入懷中奉上妖姬

正好打箇抽豐那時節全憑瞎喫摩雲洞

〔副淨〕好迎奉嗄〔中淨〕休得取笑〔副淨〕一同前往〔中淨〕我眼瞎不看見扶我一扶〔内〕前面的老翁等我一等〔副淨〕噫那來的也像我輩我們且躲過一邊與他作耍一回〔淨扮鐵鏟峯痂土地上

〔又一體〕鐵鏟回望峯巒擁告假去赴華筵會老翁做神祇雖然足跛能行動酒餚還多用是甚人背立路口我只道山魈作橫鬼魆魆只把身兒聳却原來是你這老頭兒竟還學那小頑皮巧把虛頭弄〔中淨〕可惜不曾把伊嚇倒嚇倒把嘴兒跌了腿兒閃何能赴

會向炎宮豈不是空垂涎難煞饞蟲（淨）狗而屁之難
道空受香煙更不曾喫過會酒的麼（中淨）不過是取
笑休得着惱快些去罷（衆行介）快行諒得那丹崖赤
壁酒熟也餚豐丹崖赤壁酒熟也餚豐
這裡是了有人麼（丑上）來了
又一（體）誰誰誰誰呼響重我且覷分明看仔細忙陪
奉（各拱進介）（丑向淨介）貴衙門何事難撥冗（向中淨
介）專差特委粉脂叢（向副淨介）難比伊驅煙騰燄祇
聽嬰兒用（揖介）恕失遠迎列位寅翁列位寅翁
看茶來（衆）茶到不消我們一路來扒山過嶺肚裡

餓得緊了有酒擺下來罷〔丑〕酒是現成的〔衆〕肉要煮爛些酒要盪熱些大家喫箇盡醉方回〔丑〕請坐都是同寅不必序爵竟序齒罷〔各依次坐介〕

〔又一體〕好會不易成今夕裡須當盡量洪肴白首一齊歡擁小神祇也是天恩寵乘興去醉鄉同夢〔丑〕我們行令罷〔中淨副淨〕淨行什麼令〔丑〕搳拳好〔副淨〕好嗄就來搳拳輸了要大盃喫不許賴的〔衆〕賴的罰他做東〔各隨意搳拳介〕〔副淨輸介〕〔丑〕是我代喫〔作喫介〕〔又搳拳中淨輸介〕〔丑〕也是我代喫〔作又喫介〕〔副淨〕輸家喫酒怎麼贏家喫起酒來〔丑〕你們輸了酒我代喫

到説我不好可笑可笑一箇箇亂爭狂鬧不放酒兒鬆〔衆怒介〕哎不覺心兒怒拚弃雌雄〔丑〕酒徒老拳相奉老拳相奉

〔衆〕阿呀你是主我每是客常言道主人讓客三千里止得一壺冷酒倒都喫在你肚裏去了倒説我每是酒徒可有這箇道理麼〔丑〕阿呀你每不出分子來喫白酒怪不得人説痂狠瞎毒矮子肚裡跎蹺多〔衆〕這跳跎子的老畜生我們都被他罵在裡頭了〔合〕

〔又一體〕你竟忘敬敬恭恭主翻撒箇閧閧鬧鬧瘋怎

肯讓你肆欺蒙笑只笑官卑職小一班兒都是磕頭蟲偏是你尖酸刻毒似黃蜂進門來就鬪機鋒情與理總難容情與理總難容

（眾相打介）（雜扮小鬼上）

（又一體）我未曾收拾廚房了廚房了忽聽前堂大鬧鬨想是猜拳行令歡聲湧（見眾打驚介）打拳踢脚因何事因何事再不想賢主嘉賓撒酒風險將幾箇老命來斷送自此後可喫黃湯共老友樂無窮

（丑雜推眾跌介）（丑雜下）（眾）好老兒勝會明日講禮

（副淨）菜也不曾喫得酒也不曾飲得喫這箇暗苦

〔中淨〕年兄我那裡還有些殘酒到我那裡去喫罷〔扯副淨介〕〔淨〕到我那裡去〔扯副淨作長介〕〔副淨〕不要拉倒扯長了〔混笑介〕

集〔副淨〕赤嶺前年泥土身（白居易）〔中淨〕與君同是醉鄉人（權德輿）

唐〔淨〕百花仙醞能留客（王昌齡）〔合〕共向田頭樂社神（韓愈）

第八齣

憶夫 旦兜頭翠翹披風紅襖宮縧扮鐵扇仙上老旦正旦扮侍女隨上旦

【意遲遲】眼界雖然空四大五欲難禁架則道濃露麗鉛華誰知霜冷鴛鴦瓦劣兒夫死戀斷腸花念奴嬌活守生人寡

【長相思】不參禪怎談元宇內靈山第一仙洞中自在天　萬感捐一念牽慾火因心特地然先天未了緣俺鐵扇仙是也神棲閬苑身列瑤池偶因使酒謫下塵凡托足名山暢遨遊於大地隨身至寶得精氣於先天摘來一葉本是芭蕉鍊就千年名

為鐵扇放開巽位之風能滅離宮之火這也不在話下奴家因與老君位下牛魔王天授夙緣合為夫婦不料有箇摩雲洞玉面狐狸要招箇有法力的丈夫可恨那村牛受其迷惑撇了舊日恩情竟自飄然長往你看今夜洞府沉沉淒風颯颯好不動人離緒也（老旦正旦）娘娘請免愁煩（旦）唉

【二郎神】巖窓下只風颭青燈半燄斜（正旦）娘娘月上了（旦）（望介）孤月依人侵巇罅（老旦正旦）被已薰好請娘娘早些安寢罷（旦）鴛鴦枕冷恁般兒夢杳人遐村牛你那裡收不住心猿和意馬怎教我凡情畢罷恨

靡涯恨只恨孽種無情撇下兒家

村牛嗄村牛

〔集賢賓〕你當初告了遊仙假則道是乘氣尋霞誰知悄向青邱下（恨介）噫假釵梳做了嬌娃（老旦）大王臨去時原說不日回来娘娘請免煩惱（旦）虛情巧話怎教俺信伊淫詐（恨介）哎呀心難罷一會價氣填喉嗄

妖狐嗄妖狐

〔囀林鶯〕你千年煉性歲月賒采乾坤沆瀣精華淫威偏不向山君假硬將他老牽牛搭上星槎（正旦）娘娘聞得那玉面狐狸變得十分標緻所以大王被他迷

惑〔旦〕唉甚風流嬌姹也當不得步虛聲仙風吹下〔正
旦〕這箇自然〔旦〕村牛你念頭差怕元神耗盡天路隔
雲霞
仔細思量俺待前去焚巢擣穴呵
〔琥珀貓兒墜〕安排下韓盧宋淖火燎與風加村牛嗄
村牛看怎樣扶持你稱意花我今朝要嘗到你丈人
家罷我明日且到他洞中看這村牛如何發付我波
查惹起了風流話靶
〔老旦正旦〕月色西沉晨星東出請娘娘安寢罷〔旦〕
唉

〔尾聲〕滿腔幽恨何時罷看洞口蟾輝西掛也只合獨

卧寒衾泣歲華

集 畫屏無睡待牽牛温庭筠 燭影熒熒映玉鈎徐鉉

唐 身又不來書不寄歐陽烱 淚珠時傍枕函流張祜

第九齣

庇嬌 淨扮牛魔巾服搖扇笑上

宜春樂 年雖老興正賖殢溫柔癡魂宿花 向内介 月明林下攜來一斛珠無價狂幾番每愧粗豪嬌一團不嫌低亞喜的河東放假春風由我良夜偏他

自家牛魔王與鐵扇仙琴瑟久調室家歡聚前已幸得生男今可不思置妾無奈情之所鍾恰教有美必合可愛那玉面仙姬絕世姿容出羣丰致驀然發我老騷 笑介 遂得娶他少艾别居一洞行樂多般那鐵扇仙雖有妬心却誇大度因此任我兩

人十分快活你看日已過午仙姬還未出來不免喚他一聲（低喚介）嗄仙姬美人仙姬美人快些出來（貼扮玉面倦態上）哦來了

（浣溪帽）日已斜粧纔罷倦懵騰步褪蓮花還思抱影身橫榻忽聽傳聲語隔紗（淨）仙姬美人候你用膳哩（貼）原來小飲傳盃斝（背介）昨夜的醉後狂態不顧我羞還怕

（見介）大王萬福（淨）美人坐了（各坐介）（淨）此時纔梳洗麼（貼欠伸介）身子困倦畧睡些時起來不覺遲了（淨笑介）昨夜是我不該攪亂覺頭得罪得罪（各

笑介淨美人用早膳罷貼奴家懶得飲酒大王自酌罷淨說那裡話哦想你喫不慣悶酒待我叫幾箇女妖兒彈唱一曲女妖兒走動雜扮四女妖上隨意唱介淨點頭介唱得好再看酒來旦扮鐵扇仙暗上媚偏多感誰能遣嬌縱深藏我却知逕入見介衆娘娘到貼勉起迎介淨愧色起立介旦嗄你這村牛忘了本來面目在此好快樂嗄淨沒有甚麼快樂嗄旦唉淨悶坐介旦指淨貼介

秋夜金風

伊共他行樂何時暇鴻案居然無高下鶯歌宛爾真嬌姹姿情要風流對誇竟要癡迷煞全忘

了自家全忘了自家英雄氣不加反陷入陰崖罅

淨 起陪笑介 娘娘我與你呵

東甌蓮 同心好樂境佳對酒當歌享受些你銖衣雨珮凡心化今日裡清修暇唱隨相見免嗟呀你勸我的言語自當謹記但目下情緣未了緩講求仙到他年效劉綱同步上雲霞

旦 坐不理介 貼 大王娘娘多時離別今日相逢正該歡會為何大王納悶娘娘向隅哦是了多因疑着奴家迷惑以致同心之好幾生反目之嫌奴若不早知退避大王娘娘終難和好也罷妾從此告

辭大王去矣〔淨慌介〕你往那裡去〔貼〕大王娘娘在

上奴家呵

【懶扶歸】從今背別抱琵琶褪粉銷香禮釋迦癡情一點寄無涯〔向淨介〕望夫早逐羣仙駕〔向旦介〕願娘高舉散天葩那時節若帶奴去呵似入雲鷄犬真瀟灑

〔淨向旦介〕娘娘看他委實可憐我代他陪箇禮兒〔跪介旦冷笑介〕〔淨〕好了娘娘笑起來了〔旦向淨介〕唉我到好笑你哩

【節節令】伊家一念差庇嬌娃向妻兒屈膝真低亞〔淨〕娘娘你歡娛罷大度誇關雎化〔旦起介〕各人自把精

神打我歸去呵慰情還幸有兒佳解角露又了

旦遲下淨望介貼背指介丑扮小妖暗上聽介淨

愁介你看娘娘忿怒而去這便怎麼處貼你也忒

小心了淨點頭介唉仙姬美人嗄

集淨他白石山中自有天曹唐我把美人長抱在胸前裴諴

唐貼仙山隔斷無尋處王之渙丑背笑介除非是鎖向金籠始萬全李商隱

第十齣

演車雜披髮雙髻短衣扮八妖上

炎威手握同回祿陽燄心生勝祝融我等火雲洞聖嬰大王麾下頭目是也俺大王性本陽剛守純陽而永固威同火德秉真火以常炎烈烈轟轟不是無明亂起昭昭灼灼却原有法平施誰言猶有童心功勝陰陽之爲莫謂直同兒戲道精造化之爐錘油壁推來紅飛萬丈寶幢駕出赤迸千層勢能灼日冲霄力可鎔金爍石何須再借狂飈縱那怕頻將大水澆今日吩咐演習火輪兵只得早

來伺候言之未已大王駕到也〔雜〕扮四妖擁生披
髮雙髻大紅繡火雲衣褶擺上〔合〕
〔出隊子〕轟雷掣電紫燄騰騰照四方車輪碾動刼灰
揚一片光明百鍊鋼共仰炎威齊拜小王
〔生〕高坐介〔衆〕跪介小的們叩見大王〔生〕將火輪兵
演習一回者〔衆〕吶喊下即持火鎗上演下〔生〕妙嗄
〔降黃龍〕丈八長矛一字齊排萬點紅光看縱橫上下
遠勝梨花高下低昂端詳似靈蛇在握把火齊珠兒
爭搶倘當車定教螳臂火輪埋葬
〔衆〕演火刀下〔生〕

〈又一體〉叮噹金削銀粧寶匣纔抽猛烟飛降寒光乍
變燄起龍文錚錚齊亮鋒芒鑄金鎔鐵這氣兒如何
迸響抵多少雷車迅速電影舒光
〈眾演火旗下〉〈生〉
〈又一體〉飄揚赤羽紅幢蔽日連雲燄飛天上笑他獸
吐視彼鴉銜些小流光怎似我成行不須五色早布
滿彤天一樣試看我旗門坐鎮威勝南方
〈眾執火箭火鴉火龍火葫蘆上舞一回下〉〈生〉妙嗄
各種火具更有威風也〈眾合〉
〈黄龍滚〉飛來火箭長飛來火箭長吐火神鴉壯隊隊

赤龍飛葫蘆火發光千丈赤燄風騰紅塵雪亮管教那土皮焦山骨脆神魂喪

〔生〕操演已完就此回洞去者〔衆應吶喊介〕〔合〕

〔又一體〕非誇火性剛非誇火性剛開出光明藏精鍊守真元車輪齊轉圓靈相三昧從來非凡炎上載輿薪傾杯水都休講

〔尾聲〕炎精烈烈誰能降將刼火威權執掌〔生〕便是神仙佛子〔合〕也教他玉石俱焚頃刻亡

集唐　千仞峯頭一謫仙施肩吾　火光霞艷遞相燃劉言史

煙分頂上三層焰崔珏　極目茫茫似接天于蘭

嬰兒幻傳奇中卷目錄

第十齣　　降魔

嬰兒幻中卷

第一齣

綏阻 小生扮元奘和尚執拂老生扮孫悟空執棒中淨扮猪八戒執鈀副淨扮沙僧挑行李上 小生

【一江風】火雲飄赫日當空照汗雨如珠掉徒弟當此深秋天氣為何反酷熱起來不知走到什麼所在了

【中淨】師父徒弟曾聞人說西方路上有箇斯哈哩國乃是日落之處若到申酉時分國王差人上城擂鼓吹角以混其聲日乃太陽真火落於西海之中如火淬於水內接聲喦沸若無鼓角聲相混即震殺城中

小兒想必就是此處了〔老生笑介〕獃子不要亂猜若到斯哈哩國正好早哩似師父朝三暮四這等躭擱便從幼至老也還難到哩〔副淨〕大約是秋行夏令的緣故〔小生〕怎得問明一聲纔好〔老生〕你看四野無人往那裡去問〔小生〕唉問天公為甚的顛倒陰陽爍石流金夏令行秋抄阿呀越發熱了澄心似火燒澄心似火燒平原草木焦〔合〕敢是那祝融震怒來天表〔老生〕師父看此光景似非秋行夏令之故師父且請在此少坐待徒弟駕起雲頭望空中觀看一番是何緣故再請師父前行〔小生中淨副淨〕有理〔下〕

〔老生作駕雲立高處望介〕內放煙火介〔老生〕阿呀〔又一體〕望迢迢一片流光罩千里金蛇攪氣曈曈似電烈雷奔雲散霓披驟雨旋風到你看紅光捲地烈燄飛空原來是一座火山阻住西方怎生過去師父嗄師父想是你禪心抱不牢禪心抱不牢因此上沉淪火宅燒怎得箇大雲蔭住將迷途覺〔想介〕哦待我喚當方土地出來問他便知明白當方土地那裡〔丑扮跎土地柱拐杖跎上〕來了〔又一體〕苦難熬烈火朝朝燎何幸慈雲照〔望介〕是何人喚我〔老生〕俺乃齊天大聖孫悟空〔丑作驚跪介〕老

生護大唐元奘師父往西天取經路過此方的丑嗄
原來是齊天大聖到此小神有失迎接望乞恕罪連
叩頭介做神祇斷了香煙絕了牲牢枉有尊名號老
生只箇我倒不計較你只問你此處是何地方為何
有這坐火山阻住去路丑這裡麼叫做火燄山週圍
八百里哩老生嗄為何有此火燄山快快講來丑嗄
作連叩頭不起介老生嗄為何只管叩頭不起丑小
神不敢說老生為何不敢說想介哦敢是與我有些
干碍麼大人不記小事快快說來丑大聖若不計較
待小神說來老生講丑只為大聖當年呵西江月攪

亂蟠桃仙宴施威大鬧天宮〔老生大笑介〕你也曉得我當年大鬧天宮的威風麼〔丑〕仙爐推倒燄飃紅遺下人間火種可憐小神呵本是燒丹童子從今謫下虛空雖為土地此山中阿呀爛額焦頭悲痛〔老生〕原來如此倒是我累及你了這是此山阻住西行俺師父怎能過去〔丑〕這千里之外有坐鐵鎈峯洞內有位鐵扇仙居住他有芭蕉扇一柄可以滅此火燄若能借來搧滅了火便可過得此山〔老生〕這等就着你前去快快借來〔丑〕阿呀大聖嗄那鐵扇仙乃瑶池仙子謫下凡塵小神怎敢前去惹他〔老生冷笑介〕好一箇

没用的神祇【丑】大聖休小覷了他那鐵扇仙呵從來
手段高從來手段高全憑一葉蕉無邊法力真奇奥
【老生】廻避了【丑】下【老生】也罷我如今幻作茅菴一
所先將師父住下俺駕起雲頭往鐵鎈峯借扇走
遭也
【尾聲】且將師父安排好免不得鐵鎈峯前走一遭若
借得此扇呵方能箇拜佛求經把九刼超
集　平沙萬里絶人煙岑參　却是炎州雨露徧張登
唐　一片夏雲長不去劉長卿　不知何處是西天李白

第二齣

一借 旦翠翹披風執拂扮鐵扇仙上

【北端正好】俺是女神仙真雄長司離巽贊助陰陽便是今日呵這般的山深洞杳如蓬閬也斷得凡情想

【集唐】芭蕉叢畔碧嬋娟司空圖 練得霜華助翠鈿羅虯 雲鶴洞宮君未到劉商 秋雲影裏一燈眠施肩吾

我鐵扇仙自從在摩雲洞回山修真養性自在逍遥想起當日在天宮呵

【滾繡毬】比月娥更幽閒較織女還受享一般兒雲裳玉珮我位列最上大神通無魔障封氏旗巽二繩聽

號令行熇赫勢回祿威任指揮忙鎮日把調元贊化
的工夫講誰知道宴瑶池遭了骯髒他只顧欺人奇
寶金能剋壓我神威鐵不剛我且歸藏
你看這鐵鎈山景致甚佳不免到洞外遊覽一回
多少是好〔出洞四望介〕阿呀妙嗄
〔倘秀才〕山聳翠雲光晴朗川浸碧泉聲細長太古依
稀此幽曠親人猿鶴熟麀俟草芝芳任游仙玩賞
〔各處觀玩介〕〔老生扮孫悟空執棒上〕只須身一聳
早過路千程來此已是鐵鎈峯噫你看洞外有一
女子閑遊〔想介〕哦想就是什麼鐵扇仙了俺且上

前相見（向旦介）嗄女菩薩（旦）甚麼人（老生問訊介）
貧僧稽首（旦）嗄你是何方和尚怎生來到此間（老
生）俺乃齊天大聖孫悟空女菩薩可是鐵扇仙麼
（旦驚背介）原來就是這猴頭（回向老生介）正是你
問俺怎的（老生）貧僧為保護大唐元奘師父往西
天取經路阻火燄山聞得仙子有寶扇一柄善能
熄火若肯借我搧滅炎威早過山去（合掌介）就是
大慈悲了（旦）嗄這扇兒乃先天至寶怎肯輕借與
人（老生笑介）不過一柄扇子甚麼先天至寶（旦）唉
（滚繡毬）這扇子豈裁蕉畧解炎非製紈為迎涼承天

家命專職掌鬼神工造成來運用無方宣二十四氣和解八十一洞亢（老生）有這等利害（旦）熒惑星君見了也膽喪（老生冷笑介）好大話嗄既有此好處借俺一用也顯得你有此寶物（旦冷笑介）此不得驅蚊蚋麈尾尋常（搖手介）你休思信手旋搖去我豈肯甘心竟授將請別處商量

（老生厲聲介）搧熄火燄即刻送還不可耽擱俺師父行路好好兒的借罷（旦怒介）嗄

【叨叨令】你便要向人求寶驅陽亢怎辭氣沒些兒謙讓（老生）我師父過不得火燄山難道不該着急哩（旦）

便做道火燄山阻住你向西方與俺鐵鎈峯也毫没
相干賬（老生怒介）你若不借俺也不肯甘休的（旦）休
得强求掗借也麼哥休得强求掗借也麼哥（笑指老
生頭介）仔你那禿葫蘆敢要掛在俺刀尖上
（老生大怒介）吠賤人好生無狀扇子不借反出惡
言教你認得老猻的手段（旦）潑猴俺也不是好惹
的
（白鶴子）我知你猴子頭最潑皮乍相逢便這等猖狂
試着我元牝門只怕要折了强項
（老生）賤人俺也不打你（冷笑介）則輕輕兒拿了你

去旦唉

快活三　一任伊誇空口忒無狀小猴猻似怒臂螳螂便是你銅筋鐵骨似金剛我一扇子一扇子管取你形聲滅魂靈蕩

急下老生看他忿怒而去必有一塲爭闘且在此守候他下旦換紅襖打腰繡裙雜扮四侍女執雙刀棒劔隨上旦向塲内介咊孫悟空嗄孫悟空

鮑老兒　你一謎狂言還妄想那裏有舌底蓮花妙香搧起雌風萬里凉定把你猴骨吹來飄蕩侍女們四

雜應介有旦操戈執棒冲前斷後驅虎攢羊

〔雜遞劍旦接舞介〕

〔古鮑老〕鏌鋣兒閃光鐵錚錚煅成百鍊鋼心雄得這氣強笑點點小猴頭伎倆怎敵花圍場粉陣圖香兵仗你便恃着靈山梵王也擋不住罡風播蕩教伊打轉兒打轉兒似斷線風箏樣

〔老生上戰介〕〔旦敗老生追下〕〔旦上〕這猴頭武藝高強難以力敵且將法寶勝他便了〔丢劍取扇子介〕

〔道和〕這扇子火風咼象這扇子火風咼象體變化用精良寡雙得這火雨消熱厄吐寒芒封姨颶母憑俺長半面展身飄百級一齊開影落千丈不拘一齊開

半面展半面展總消巳

〔老生〕上搶扇介快拿扇子來嗄〔旦〕

〔柳青娘〕哎呀難降也麼難降非俺法力怎相當恁武藝不愧猴王看他這隨機低昂戰雖酣神猶旺他歪纏不去侍師旁俺相持豈能歸洞房他要借陰風把炎威降我起驚飈制猿性狂〔變〕大扇搧老生翻觔斗〔下〕

〔旦〕試看試看金箍棒頃刻頃刻枯枝樣捎着捎着猻和尚忽變忽變顛僧狀好笑伊觔斗常翻十萬八千不及今朝只用俺當頭一扇一扇子路悠長

想那猴頭不知吹到那裡去了俺且回洞者咲猻

悟空嗄猻悟空

〔煞尾〕我這杏葉落吹你便柳絮亂颷滴溜溜絕空依傍若不心貪求至寶寧遭墮落莫知鄉

〔内風響旦大笑介〕

集 一任你姓氏堪侵尺五天 羅虬 頃刻的魂歸冥漠魄歸泉 朱褒

唐 仙家變化誰能測 李中 紺葉搖風細扇圓 白居易

第三齣

贈丹 末扮靈吉菩薩貼旦丑扮二沙彌隨上合

【金井水紅花】鳥啄生臺飯龍吞洗鉢流鶴夢石龕頭數生修靈花在手長此多羅樹下時共鹿尋幽消萬累更何求也囉【末】我靈吉菩薩是也奉如來佛旨將定風丹贈與孫悟空以定鐵扇之風【嘆介】唉鐵扇仙嗄鐵扇仙那悟空呵他本是金生麗水你風怎剋金這一粒丹呵土自生金是他九轉時候想此時悟空定被他的風吹將來了【喚介】沙彌【貼旦丑應介】有【末】隨我到洞門候他者【貼旦丑隨末出介】【內作風響介】

（末）呀你看悟空隨着風兒來也無形無狀風過一颼無踪無跡身飄九州他則在雲端裡面翻觔斗（内）鳴鑼作風聲（老生）作隨風飛舞上（末）執拂攔住（介）悟空那裡去（老生）作立定（介）呀原來是靈吉菩薩弟子稽首（末）你為何不隨金蟬子往西天取經卻隨風到此（老生）菩薩聽稟

（黄玉鶯兒）則為烈燄阻驊騮鐵鎈峯暫逗遛借芭蕉致起戈矛一着那風兒飛走（末）那鐵扇仙是牛魔之妻你與他丈夫舊係同盟何不早辭下禮借他一用如若不肯就顯箇神通將他扇兒取了一用何妨（老）

生 只怕那潑賤精細的要偷時怎偷 末 難道便罷了不成 老生 要休時怎休怕罡風幾陣難禁受 合 掌向末問訊介 我有來由望慈悲指示寶鉢渡中流

末

黄鶯帶一封 你道寶鉢渡中流這境界呵在當前莫外求 老生 禀過菩薩與牛魔面講去 末 笑指老生介 笑狂猿怒特空交鬬 舉手介 我奉如來佛旨有一粒定風丹在此贈你這風兒可收這身兒可留 老生 喜介 有此靈丹快與俺吞下 末 出丹遞老生 老生 接丹吞介 末 一星兒入口你三關透 老生 待弟子拜謝 拜

介〔末〕速速去罷〔老生〕弟子去也憑颼颼似浮漚任他掀播總無憂〔翻觔斗下〕〔末〕你省悟空已去今後任他是什麼風都吹他不動的了此去只怕扇子尚不能到手咲鐵扇仙嗄

〔喜無窮煞〕你野狐禪參不透楞嚴呪把無名火寖昌寖熾釀心頭好笑你那扇子呵則好權寄在你魔君手內收

集唐　因風吹去又吹還李頻　真道無憂行路難杜甫
難保你形終不轉李紳　喉中須嚥大還丹白居易

第四齣

二借 老生扮孫悟空袈裟執拂上

【浪淘沙】飄蕩竟何之亂了操持迷川幸遇碧雲師一粒金丹開覺路撥醒緣癡

我孫悟空只為師父路阻火燄山往鐵鎚峯借扇誰知這妖魔十分利害被他扇子搧着飄蕩了萬里雲程幸遇靈吉菩薩慈悲方便贈我金丹苦海能超業風不畏又向我說道那鐵扇仙乃牛魔之妻你可卑詞下禮求他或者肯借也未可知想我五百年前與牛魔曾結為兄弟就在他妻子面前

謙遜也是分所應該有理嗄有理不免駕起雲頭往鐵鏟峯前去〔作行介〕來此已是嗄洞門緊閉不免叩門嗄洞內有人麼〔丑扮侍女上〕山靜似太古日長如小年什麼人〔作見老生驚介〕阿呀〔欲跑老生扯住介〕休得驚慌快請你娘娘出來相會〔丑〕是娘娘快請〔旦扮鐵扇仙上〕

〔杏花天〕正是山中習靜時為何因呼聲驟至

〔丑〕阿呀娘娘那猻悟空又來了〔旦作驚疑介〕嗄那猻悟空昨日被我搧了一扇不知飄往何方今日緣何又到此間〔作想介〕哦快取我寶劍過來〔老生

急搶進門介嗄孫悟空此来赤手空拳要寶劍則甚旦嗄潑猴猻嗄潑猴猻你又到此間則甚老生嗄人將禮貌為先何況你是瑤池仙子我孫悟空今日到此以禮相待怎麼開口就是潑猴猻噫太欺人了旦哎

小桃紅只道你黑罡風吹散作遊絲蕩悠悠狂猿死也老生笑介我被你昨日吹了去今日又吹了来呢旦誰料是天教有命潑精靈偏會苦撐支老生揖旦介嫂嫂旦不答介你因甚的禮先施哦我曉得了一會價效殷勤我儘知老生又揖介嫂嫂旦稱叔嫂緣

何事也【老生】我與牛大哥結盟自然要稱嫂嫂的嗄【旦】休得要一味迷癡若提起借因由請不必費言辭【老生】我昨日被你一搧在雲端裡面翻了幾萬箇觔斗身子疲倦要借你椅子畧坐一坐【作坐介】嫂嫂也請坐了【旦】嗄我這洞中那有你這潑猴猻的坐位【推老生起介】【旦坐介】【老生立向旦介】阿呀嫂嫂嗄

【下山虎】休為這無情敢棄斷了俺有分連枝我與牛大哥呵五百年前好盟言在茲【旦】你既與我大王五百年前結盟【怒指老生介】就不該與我爭鬭嗄【老生】

叔嫂相逢敢生異志〔揖介〕須恕我一味粗疎罪怎辭

〔旦〕你昨日手中鐵棒不放些兒空呢〔老生〕嫂嫂在上昨日呵你一扇兒風難止我一棒兒你斂怎支今日箇兩恨從今釋各須諒之又何必苦苦相持把禍滋

〔旦起背介〕呀

山麻稭這小猴兒通圓智低眉俯首怎敢行强勢〔老生〕我只要過了火燄山求經淨土〔旦〕這說要淨土求經白馬上馱金字〔作背想介〕哦有了〔回向老生介〕看你箇佛祖悲慈須恕我天魔肆志也罷如今看我大王與你結義之情將扇子借你一用搧熄了火即便

送來還我快些去罷〔取扇介〕你自有空門事怎教遲

送你那馬首西行還我這芭蕉扇子

〔遞扇與老生接扇介〕嗄嫂嫂這樣小小扇兒如何

煽得八百里火燄敢是欺誑老孫麽〔旦〕唉

〔五般宜〕莫道俺鐵鎈峯借芭蕉是誑辭可知是火燄

山狠魔王專職司〔老生〕只怕此扇不真嗄〔旦〕你不必

苦苦細尋思早登程休教太遲〔老生〕老孫就此相别

若搧熄火山送扇前來相謝〔旦〕請〔老生〕嫂嫂老孫去

也若得箇刼火消時也勝似醍醐渥滋〔揖介旦福介〕

〔合〕莫慮那紅燄兒飛空管取的涼風徐至

【老生下】【旦笑介】潑猴猻嗄潑猴猻你方纔借去那裡是先天至寶乃是一把助火的扇兒你若用力一搧火高萬丈師徒四衆骨化形消纔出俺胸中之氣也

【江頭送別】你縱有雲霞思雲霞思機關怎知金剛體金剛體炎威怎支到頭來禪枝折倒猴猻死孫悟空嗄孫悟空若要想西天拜佛只好再生時

侍女們【衆】有【旦】閉了洞門者【衆】是閉門介【旦】

【尾聲】從令安坐渾無事看洞口雲深日出遲【衆】娘娘孫悟空雖去還怕重來厮鬧可要請大王回來一同

防禦〔旦〕唉若提起此話呵攪得俺無限愁生此一時

集　眼穿腸斷為牽牛（曹唐）　遥被人知半日羞（皇甫松）

唐　莫道仙家無別恨（桃源仙子）　也嚬眉黛托腮愁（唐彥謙）

第五齣

反燄場上設火燄山丑扮跎土地上

寧為焦面鬼不作背時神小神火燄山土地是也只為大唐元奘師父路阻火燄山那孫悟空無計可施是我指引他往鐵鎈峯借芭蕉扇方能煽熄此火這幾日聞得他與鐵扇仙為扇廝殺不知勝負如何若得扇子煽熄此火連吾神也可脫離熱海了且到前面去打聽〔望介〕呀遠遠望見猪沙二僧擡着扇子來了我且閃過一邊〔下〕中淨副淨擡扇上繞場一轉放扇地下〔副淨作喘氣中淨作倒

地哼聲介〔副淨〕猪師兄快些起來煽熄火燄要緊猪師兄猪師兄〔中淨〕不應鼾介〔副淨〕嗄你看猪師兄童睡去了待我推他醒來〔作推中淨作哼聲不醒介〕〔副淨〕阿呀這扇子費了大師兄許多氣力方纔賺得到手早些煽熄火燄俺師徒好往西行倘然妖魔赶來將扇子搶去豈不前功盡棄我一人又拏不動他只便如何是好〔作想介〕阿呸扇子已在我們手內還怕妖魔怎的且待我細認他一認

嗄扇子嗄扇子

〔啄木兒〕靈苗異嫩綠殊剪葉裁成做紈扇貯〔笑介〕噫

看你這幾縷青絲怎熄得大地紅爐鐵扇仙嗄你驅炎手段天公付我求經善果慈悲護一點禪心莫教跡

〔中淨作熱醒滿場跳介〕

〔又〕一體身如炙汗似珠好比蒸籠放老猪〔副淨〕猪師兄醒了快些大家將扇子擡起來煽熄火燄要緊〔中淨〕阿呀還說甚要擡扇子軟咍咍兩手難擡熱烘烘全身要枯〔副淨〕猪師兄休生懈怠快些來嗄〔中淨作懶起介〕阿呀沉沉睡去因忘暑昏昏倦了權依土一點禪心怎得跡

副淨拉中淨擡扇煽介內連放烟火副淨中淨丟
扇各滿場跑滚介丑扮土地上撞倒副淨中淨按
住打介丑亂喊介副淨中淨亦喊介拏住一箇火
妖了丑急叫介我不是火妖是本山土地嚯
歸朝歡我是天宮謫天宮謫墮紅塵道途為土地此
山作都中淨副淨既是土地放他起來放丑起介副
淨好一箇火燒頭的小鬼中淨為何如此破爛衣裳
不像箇神道嗄丑阿呀猪沙二師嗄只為炎威猛炎
威猛香煙並無堪憐做了箇神祇中餓夫中淨副淨
我且問你這扇子為何不能熄火反助起火來丑待

我看來〔作看扇大驚介〕阿呀猪沙二師嗄這鐵扇仙
扇子原有兩柄一把興風一把助火這把正是助火
扇子怎麼孫大聖失於精細借了助火的扇兒來了
你看此扇一煽火高萬丈阿呀漸逼到我們身上來
了〔內放煙火衆跎跳介〕〔丑〕二師不用慌張快些回去
再請孫大聖大展神通借取真正芭蕉扇要緊〔中淨
副淨〕有理謝伊指我迷川路忙求真扇休躭悞那時
呵纔算得箇刼後方成無價珠
〔內放煙火三人各跎介〕
集 霆轟電燄數聲頻 元稹 日近山紅暖氣新 王建

唐

誰念火雲千丈裏 李群玉

不惟燒眼更燒身 李紳

第六齣

三借 淨擕貼上淨

〔懶畫眉〕説甚麼白雲鄉裏樂長生若論這洞府風光也不爭美人〔貼〕大王〔淨〕和你輕偎紅袖出中庭出得洞來〔望介〕好景致也〔合〕看雲嵐一抹煙迷樹抵多少身在荆關畫裏行

〔同下〕老生提棒上

〔又一體〕騰騰火燄阻西行險做飛蛾去撲燈一腔羞忿好難平俺孫悟空卑詞下禮往鐵鎈峯借扇誰知這潑賤一口應承竟將助火的扇兒借我虧得我吽

八戒沙僧去搧被他燒得焦頭爛額而回訪得那牛
魔現在摩雲洞內貪戀那玉面狐狸因此我前去會
他或者念舊日相知肯借此扇也未可知來此已是
呀你看那牛魔攜着箇標緻女子想就是這玉面狐
狸了哎牛魔嗄你與那粉骷髏相伴迷真性怕的是
慾海沉淪失至靈
下 淨攜貼上 美人你看遠遠一帶紅雲就是火燄
山了
又一體 朱霞千里弄光晶我執掌炎威神鬼欽 老生
上望介 淨 嗄何方妖孽不潛形迴避了 貼下 老生笑

迎〔上〕喚牛大哥是小弟孫悟空在此〔淨〕哦原來是相知五百年前友且請洞中少坐〔老生〕請〔行介〕因甚芒鞋到此行

〔作同行進洞各坐介〕〔老生〕牛大哥在上小弟呵

〔宜春令〕隨師父為大乘險西方路途怎經一路上不知遭了多少魔難虧得佛力扶持方能解脫還倚着慈雲慧日玉毫光朗照無生境〔淨冷笑介〕聞得你大鬧天宮神通不小呢〔老生〕那裡有嘆醇醪滅燄神通誦普門迴飈淨行前日來到此間只見紅光捲地火燄飛空問及當方土地方知叫做火燄山非嫂嫂芭

蕉扇不能煽熄因此往鐵鎈峯相借嫂嫂堅執不允聞得大哥駕在摩雲特來造謁敢求寳扇早熄炎氛拜佛求經善緣無量呢怕的是沉淪火宅受焚燒好仗你芭蕉一柄

〔淨〕這扇子呵

〔又一體〕先天産造化生採芭蕉裁成扇形就是神仙遇着此扇呵形銷骨化杳冥冥歷刼沉眢穽〔老生笑介〕小弟也曾遇着他來好比那急流中砥柱難摇怎似這亂風吹楊花無定〔淨猛想介〕哦這等說來你敢是在鐵鎈峯與俺山妻爭鬧被扇子煽着不曾傷你

性命又到此間與俺廝混（老生點頭笑介）（淨怒介）我看當年結義之情不加殺害你還想拜什麼佛取什麼經不如仍舊回花果山幹自己營生去罷說什麼金花玉鏡總無憑我勸你且潛身舊逕（老生怒介）哎牛大哥差矣

【三學士】你休說全無金粟影須防慧劍難經（淨）俺神通廣大怕甚麼慧劍（老生）可知道羣生覺悟蓮花偈妙相瞻依貝葉經（淨）虛無寂滅之事俺都不信他（老生）也等不得你地獄沉淪遭九劫先罵你老牛精（淨怒介）潑猴猻

〔又一體〕俺名震八區威五郡氣噓流電廻精〔老生〕笑〔介〕不過一箇牛精罷了〔淨〕函關侍駕逢關尹海渚浮槎遇容星〔老生〕怒指淨〔介〕你若不借俺也不認同盟了〔淨〕何物猴猻真狡兢還說甚舊同盟〔殺介〕〔老生〕牛精住手扇子又不在你身邊何苦與你爭鬭我往鐵鎈峯去也〔急下〕〔淨〕且住他到鐵鎈峯又要與俺山妻爭閙不免隨着他前去看是如何〔貼〕上聽〔介〕大王要望鐵鎈峯去麼〔淨〕回望〔介〕美人我去去就來〔貼〕大王要望鐵鎈峯去〔哭介〕〔淨〕阿呀美人嗄我和你

〔尾聲〕暫時分手休悲哽〔與貼拭泪介〕看了你滿面啼痕態愈增〔作欲去貼扯住介〕大王過了今夜明日去罷〔淨〕為何要明日去〔貼摟淨介〕阿呀大王嗄怕捱不過凄涼到五更

集唐 貼 莫便乘鸞去不迴 貫休　有心還得傍瑤臺 趙嘏

淨 寸心誓與長相守 高適　無限春風吹不開 白居易

第七齣

得扇 雜扮二女執藥籃負鋤上合

鎖南枝 飛龍藥絳雪丹燒金煉石九轉難他待要服术駐紅顏来苓登碧岍我等乃鐵鎈峯鐵扇仙座下侍女是也奉命下山採藥煉丹須索走遭也且把霜鐮負露捶擔遇庚辛怎敢慢

下 雜扮四鬼擡雜扮假牛魔王坐轎上 假牛

又一體 只為程途阻火燄山求經要登彼岍難 俺孫悟空假變牛魔往芭蕉洞賺他寶扇唉牛魔嗄牛魔你任意逞兇頑我隨心巧變幻你看籐輿坐怪鬼環

賺芭蕉無危患

〔下轎四鬼下〕〔四女上〕嗄原來大王回來了娘娘有請〔旦上〕

〔又一體〕思夫切望子難〔四女〕大王回來了〔旦驚喜介〕風吹仙駕返故山斂袂整雲鬟褰衣過翠澗〔假牛〕嗄娘娘〔旦〕大王回來了你妖狐戀骨月寒把妻兒離別慣

〔假牛攜旦手進洞介〕〔旦〕大王請坐〔淨〕有坐〔各坐介〕大王一向遠住摩雲今日回來侍女們看酒與大王共樂〔四女應介〕是〔細吹各坐飲酒介〕〔假牛〕娘娘

聞得那孫悟空前來借扇你不允他爭鬧一場可細細說與我知道〔旦〕大王那孫悟空呵〔解三醒〕阻炎山難超彼岸借芭蕉兩次三番〔假牛〕他來相借你便怎麼〔旦〕我不借扇子與他他便與我厮殺一場我便搧他一扇〔假牛〕這一扇子不知飄蕩何方去了〔旦〕只道是風中柳絮無根絆誰曉得竟回還〔假牛〕作驚詫〔介〕嗄娘娘搧他一扇他不曾死竟回來了奇嗄〔旦〕他回來小心禮貌堅意相求〔假牛〕他回來小心禮貌堅意相求娘娘可曾借與他麼〔旦〕大王嗄他縱然卑躬下禮言千句那知我助火興風扇一般

〈假牛〉原來借了助火的扇兒與他只怕他唐僧師徒性命難保呢〈旦〉這箇何消說得只怕此時已形銷骨化了管精魂散也教他黃泉掛錫黑海安單〈假牛〉娘娘請乾一杯〈旦〉乾酒介〈乾〉〈假牛〉娘娘你這般精細只怕還脫不得孫悟空之手呢〈旦〉急問介為何〈假牛〉你不知那孫悟空五百年前大鬧天宮在老君爐内鍊了四十九日不曾身死這八百里火燄未必燒得死他〈旦〉縱不能燒死他也不敢來了〈假牛〉正色介娘娘你不知這猴猻變化多端設或你扇兒收藏不謹被他盜去豈不一場笑話了

旦大王說那裡詰來這扇兒呵口吐蕉葉介
又一體一些些似青蓮一瓣潤香津舌底喉間假牛
原來藏在口中這樣小小蕉葉兒如何煽得八百里
火燄旦大王你在摩雲洞中被妖狐迷亂真性連自
家寶物都不知道了假牛冷笑介旦他隨心變化人
難側撞着的起波瀾作變大扇介大王拿一拿着假
牛接扇介妙嗄搧翻紫府仙難住捲起龍宮水倒翻
旦大王天色晚了扇子還與我收好進房安歇罷扯
假牛介天將晚和你紅偎翠倚莫教那被冷衾寒
假牛忽變孫悟空挐扇介嫂嫂承借了下旦氣倒

介淨扮真牛魔上嗄娘娘為何倒在此間扶旦起介旦望見淨大喊介阿呀你這潑猴猻還敢來戲弄我麼

太師引猛相看嘵怒氣冲霄漢淨詫異介這是甚麼意思旦阿呀惡冤家原何又還阿呀作氣倒椅上介淨嗄為何如此嗄侍女們這是甚麼意思嗄是甚麼意思四女作呆立抖介淨作猛省介哦是了敢是那猻悟空又來廝鬧麼四女作點頭介淨恨介噫潑猴嗄潑猴好教我中心恨塞胷不得舊日盟寒旦低唱介愧煞人傳杯遞盞險認了梁鴻舉案淨哦娘娘是

我在此〔旦〕嗄你還是真是假不要在此賣弄虛頭嗄
〔淨〕我是真真牛魔王并非孫悟空假變至此的嗟〔旦〕
嗄果然是大王〔淨〕果然是我〔旦〕果然是大王〔淨〕果然
是我〔旦〕嗄阿呀大王嗄〔哭〕倒淨懷〔介〕阿呀做神仙也
有日時乖運艱最傷心是一場羞忿告人難
〔淨〕我都知道了
又一〔體〕這是潑猴猻把虛頭幻吠孫悟空嗄孫悟空
你要脫沉淪今生應難縱是你天關手撼撞着我地
府身殘〔旦〕如今怎麼樣報復此讐〔淨〕明早點齊合洞
魔頭會合摩雲洞兵卒并力同心拏他便了〔旦〕這到

不消那火燄山阻住西行他師徒若無此扇揀翅不能飛過孫悟空得了寶扇定往師父處報喜那時大王顯箇神通搶了此扇然後拏他師徒易如反掌也〔淨〕娘娘言之有理〔淨旦〕且賺那奇珍休慢怎得箇炎州燄散報慚羞剗心瀝肝動無明誰揮覺劍破邪山

〔尾聲〕狠魔頭障住他青蓮眼你要想苦海裏慈航即世難〔淨〕娘娘這怕佛力無邊如何魔障得他〔旦〕唉縱有那迦老鉗鎚也這等閑

唐僧嗄

集 你合掌騰騰信馬行 羅隱　非凡非聖獨醒醒 貫休

唐

謾誇鶖子真羅漢李商隱

教你相伴神魂入杳冥新林驛女子

第八齣

反賺 老生背扇上

風入松 全憑幻變賺嬋娟得了芭蕉寶扇管消融火刼真如見先報與吾師歡忭俺孫悟空用計賺了芭蕉扇子先將喜信報與師父知道也須刻的雲程如箭凝望處大林邊

下小生扮元奘中淨扮猪八戒副淨扮沙僧上 小生

又一體 連朝盼望意懸懸宿水餐風疲倦 老生上 嗄師父 小生 呀原來是徒弟回來了等得俺身子好疲

倦也〔老生〕阿呀師父嗄徒弟千方百計纔賺得此扇到手熄火燄山好往西天拜佛取經你若懈了念頭只怕此山火燄未必能就熄哩怕禪心攪亂生灾譴怎得遂求經上願〔小生〕快取扇子過來我看〔老生遞看介〕〔小生〕妙嗄喜的是功成行全好認那扇兒圓〔內吶喊介〕〔老生中淨副淨望場下介〕〔淨扮牛魔王推倒小生搶扇下〕〔老生〕阿呀師父為何跌倒在此〔大驚介〕哎呀扇子又被妖魔搶去了〔小生慌介〕阿呀徒弟嗄這便如何是好〔老生〕阿呀師父嗄

〔又一體〕從來正義度無邊載在那蓮花經卷你堅持

不惰求經願那得有妖精相騙就有妖精呵憑鐵棒
降魔護禪舉手處他喪黃泉
〔舞棒急下〕〔小生〕你看悟空踴躍而去必有好音我
們且在樹林等他便了正是慧力堪傳教禪功可
伏魔〔下〕〔淨扮牛魔執大刀〕〔旦扮鐵扇執雙劍〕〔貼扮
玉面執雙刀同上〕〔合〕
〔又一體〕秦庭信璧喜重還你枉費心機一片合家兒
共把神通顯也是你猴猻命蹇怎顧得同盟舊緣拿
住了你命難全
〔老生上與淨衆戰介〕〔淨衆敗下〕〔旦執扇煽老生不

動急下老生欲追介場内喊介孫大聖不須追赶

俺們護法諸天奉如來金旨降魔捉怪大聖快保

護金蟬子待熵熄火燄山往西天取經便了老生

呀原來是佛祖慈悲不免望西拜謝

又一體圓光照耀被無邊滅惡成功生善拜介曾身

超火刼青蓮現好拜你金花月面起介成就了慈悲

大願憑慧智上西天

集　一重重盡一重重方干　山北山南總是烽王昌齡

唐　三卷貝多金粟語徐寅　真言一發即摧峰劉禹錫

第九齣

降凡（雜扮四童外扮老君雜扮白鶴隨上外）

【奉時春】仙李盤根姓氏標養谷神長生不老聖世呈祥天壇輝耀闡揚道德元元號

【集唐】重重道氣結成神（施肩吾）一百年來是一春（曹唐）暗誦黃庭經在口（白居易）度關誰識老聃身（劉威）

我太上老君是也生而能言指李為姓養谷神以不死爰著道德之經鍊真性於無為永列世家之傳官傳周室道契漢皇只因至真不滅故爾遺像常存不意位下青牛潛離紫府走入紅塵與王母

位下鐵扇仙成為夫婦占據火燄山與取經人作
難今孽債已完只得救度他走遭童兒隨我往下
界收他去者〔四童應介〕〔外跨鶴行介〕〔合〕
〔步步嬌〕御罡風鶴駕離天表飄渺祥雲繞免卻百神
朝仔為度脫青牛紅塵輕擾看紫氣滿丹霄步天衢
不比那函關道
〔下老旦扮王母坐車四女隨行上〕〔合〕
〔又一體〕駕雲車傳信憑青鳥回首瑤池杳非是宴蟠
桃仔為劣婢癡迷前身昧了鐵扇仙嗄鐵扇仙你仗
着幾葉翠芭蕉火山威阻住西行道

（老旦）我西王母是也這因鐵扇仙使酒謫下凡塵今將限滿不免到彼指引他仍返瑶池㗅你看東來紫氣老君降臨也（外上）（老旦）原來是老君（外）金母（各見介）（老旦）法駕何往（外）貧道往下界去收服青牛（老旦）老身也往鐵鎈峯收服鐵扇（外）如此一同走遭（合）㗅青牛鐵扇㗅

（桂枝香）你心腸顛倒止不過黄粱夢好貪戀着兒女情深説甚麼夫妻偕老紅塵走遭紅塵走遭終要向赤城點卯免不得元都掛號没收梢今日裏别白仙凡路分開水米交

集　仙冠輕舉竟何之朱嘉祐　却是紅塵滿眼時白居易

唐　爲報高唐神女道繁知一　九天王母皺蛾眉曹唐

第十齣

降魔 雜扮四諸天各執器械上合

紅衲襖 御罡風敢佇延掃妖氛齊攻戰如來付法威須顯靈吉垂慈命勿捐只待捉狂牛將鼻穿逐妖狐休心戀護取神僧早過炎山也纔結箇度世降魔大善緣

我等乃護法諸天是也奉如來佛旨隨靈吉菩薩降伏牛魔只得來此伺候言之未已菩薩降臨也

四面立介 細吹雜扮四侍者執旛末扮靈吉菩薩

上 末

〔北點絳唇〕丈六光圓大千悲願功無倦救度生全化惡同歸善

〔細吹末上臺坐介〕〔集唐〕運行元化不參差 方干 金粟如來是本師 劉禹錫 一念一爐香火裏 鄭谷 遣將心地學琉璃 張繼 〔四雜下〕〔末〕我乃靈吉尊者是也秖緣叅刼修行得遇給孤良會金鐃扶翳全憑迦老鉗鎚玉杵降魔亦仗韋馱臂指貫頂一針言下便趋有漏當機半句立時頓悟無生只為牛魔夫婦阻他元奘師徒厇欿頻嘘佛心震怒因此如來金旨命俺降伏牛魔鐵扇讓元奘早過火欿山去

往西天拜佛求經護法神祇〔衆應介〕有〔末〕聽俺吩咐〔衆〕嗄〔末〕

〔混江龍〕你看那風飛雲捲遥空俯瞰火峰連光爭赤日煙罩焦原悶紫燄半天何日熄看紅星四散不時然可憐這煩熱厄怎逃禪清涼界枉思還更怎當陽亢極火牛燀陰惡濟艷妻煽他那裡十分虐燄耀星光俺須要一齊撲滅消兵燹衆神祇〔衆〕有〔末〕早布下雲羅梵網也教他眉急臍燃

〔衆應四面立介〕〔淨旦貼上與衆神戰下〕〔末〕

〔油葫蘆〕俺只見大武頭昂角嶄然要把那蠻觸顯怎

知道安排虎檻與狼圈你大妻兒空有雌風扇小妻
兒徒恃妖娆變千鈞力挾汗流兩妖姬抬臂軟嘆你
們喜歡殺刼心難轉只都是魔障惡姻緣
淨上與衆神戰下末
天下樂他抖擻精神猛向前爭也波先竟不待鞭俺
諸神宛如牧野田待將他叩角歌更想他橫背眠試
問見蟾光可能不喘
旦上與衆神戰下末
哪吒令又只見飄飄的花陣兒飛來女仙原來是忙
忙的眉案兒暫抛鐵扇恰握定錚錚的兵器兒還同

玉剪這端是為丈夫這端是為丈夫驀驚人天魔現笑你箇獅吼自空喧

〔貼上戰介〕〔衆捉住貼介〕〔淨旦上戰介〕〔外扮老君老旦扮王母上〕〔淨旦見拜伏介〕〔末下臺迎介〕〔丑扮土地上跪接立旁邊介〕〔外老旦〕菩薩一舉降伏三魔足見佛力威嚴我輩曷勝欽服〔末〕這是上真和如來法力貧僧有何德能〔外老旦〕佛旨既已遵行我等還要討箇情兒以襄善舉〔末〕請二位上真處置〔外老旦〕牛魔你本天宮謫下當隨我歸正鐵扇仙你熵熄火燄山送唐僧師徒過去閉户潛修待爾

孩兒皈依佛門時節方得昇天玉面獻媚爭嬌宜

永錮陰山以懲蠱惑你等知罪了麼（淨旦貼）我等

知罪了（末）

【鵲踏枝】自本來有頭面到今日悔糾纏若不是指出

迷途也怎能彀有日生天取經的把羣魔翻激勸我

如來發慈悲恩及火山邊

（衆押貼先下）（衆合）

【寄生草】魔心滅正路還省今朝喜占草面天衢遠靜

攜鐵柄仙宮展瘦憐玉骨陰崖駐既感這般勸仙意

啟昏蒙還謝那慈悲佛力多方便

〔外〕土地你仍隨我往天宮去者〔丑〕多謝師父〔放火
藥作變出童兒介〕〔細〕吹外老旦帶丑淨旦下〔末〕護
法神祇就此回靈山繳旨者〔衆應介〕〔合〕
〔賺煞尾〕懲惡不傷慈鋤莠方成善恁魔障何曾倖免
牛魔嗄牛魔你紫氣東來驚乍見縱分離尚保得嬋
娟元奘嗄元奘佛肥胎解脫熬煎堪早去靈山法海
邊這都是福緣故把人磨煉俺也好覆命金蓮寶座
前

集　外道邪山千萬里劉禹錫　始知前路化成空李德裕

唐　精靈消散歸寥廓方干　寂寞元珠象罔中劉滄

嬰兒幻傳奇下卷目録

第十齣　證圓

嬰兒幻傳奇下卷

第一齣

驚報　生大紅繡褶擺扮聖嬰兒上

【北新水令】仔這火雲中幻出這嶒崚也不讓祝融峯頂驅煙尋磵户卷霧出山楹【嘆介】单仔是岵峙牽情怎得箇傍庭幃晨省昏定

【末扮小妖上】不好了嗄【見生跪介】阿呀大王不好了【生】唗【末伏地介】【生】嗄為何大驚小怪起來講【末】起介哦阿呀大王嗄

【南步步嬌】凶變非常多悲悲硬老大王【生急問介】老大

王便怎麽〔末〕遭不幸〔生大驚介〕怎麽講〔末〕他養元神坐赤庭〔生〕嗄〔末〕遇着箇狹路寃家〔生〕甚麽狹路寃家〔末〕驀生灾眚〔生〕生甚麽灾眚〔末〕阿呀大王嗄只為有箇東土唐僧元奘往西天取經路阻火燄山他有箇徒弟孫悟空到俺娘娘山前要借芭蕉扇熥熄此火〔生〕娘娘可肯借與他麽〔末〕娘娘不允厮殺一場他即請天兵將老大王收去哎呀不知死活存亡了〔生大驚介〕哦〔末〕阿呀娘娘也閉門不出了嚧〔生哭介〕〔末〕只落得兩淚血盈盈因此小的呵多忙至此來呈禀〔生哭介〕嗄有這等事阿呀〔哭伏椅上介〕〔末〕大王請

免悲傷〔生〕哎呀爹爹嗄

〔北折桂令〕想你在吳渚生成有分仙緣長侍珠庭一般兒紫府隨行猛可的紅韁挣脱翠幛藏靈纔得箇父子咸英夫婦齊名手把那炎威握定却怎生忽爾潛形〔跌足介〕早難道輕赴幽冥好教兒半晌難明

〔哭介〕〔末〕大王請免悲傷那孫悟空必從此山經過那時呵

〔南江兒水〕一任他拜佛西方去求經淨土行獻殘架上朝昏磬歷盡路上邪魔徑常將因果三生証憑着這山中威柄將他剁作杯羹佐俺們一餐湯餅

〔生〕阿呀爹爹嗄
〔北雁兒落帶得勝令〕俺這裡痛傷懷血淚零俺這裡苦填胸寸心硬俺這裡夜深沉挨五更俺這裡日綿長累三省呀早難道鎮日價洞門扃早難道驀忽的元神迸早難道向黃泉吽不麿早難道墮黑獄魂無定早難道轉輪廻再托生早難道遇賊禿輕捐命醫經醫不得俺思爺的傷感病〔跌足大哭介〕哎呀傷情非比那惺惺自古惜惺惺
〔丑上報介〕啟大王小的每方纔在山下打聽遠遠望見唐僧元奘師徒三衆將到山前了〔生〕哦唐僧

元奘師徒三衆將到山前了（丑）將到山前了（生）阿呀妙嗄擡搶叫火輪兵伺候待俺出洞拏他復讐便了（末丑）大王請息怒那孫悟空神通廣大老大王尚被他所害只怕輕易奈何他不得哩（生）依你便怎麽（末丑）依小的每呵（生）嗄（末丑）

【南川撥棹】休爭競設牢籠勝弄兵也何須擊鼓鳴鉦也何須擊鼓鳴鉦（生作想介）哦有計了俺如今變作嬰兒模樣弔在樹林之中只說被强人刼掠求他師徒解救送歸家內那唐僧最是慈悲必定自來解救必叫孫悟空相送歸家俟猴猻不在那時顯箇神通

把那唐僧擸到洞中先將他蒸食了與老大王報讐
那孫悟空定然要師父的再用火輪車拏他不怕走
上天去〔末丑〕大王好計嗄這便是老爺爺仙宮降靈
管教他受典刑管教他受典刑
〔生〕拍手喜〔介〕妙嗄
〔北收江南〕呀虧得俺巧安排把計策行抵多少掘就
惱人坑管教他師徒上了剝皮亭爹呵斯昭昭顯靈
他呵秃光光現形少不得把你一班兒都當了盤中
飣
〔末丑合〕大王

【南園林好】休得要憂疑不寧憶雙親傷心撫膺且變化攝他形影則省彼怎支撐則省彼怎支撐（生）孩子們（末丑應介）有（生）省好洞府俺往深林中變化去也（末丑應下）（生作出洞介）

【北沽美酒帶太平令】報深讐在此行報深讐在此行（疾走介）飛也似振衣輕笑他們錫杖芒鞋伴五丁甚心燈照得你路分明你要去求經拜佛則好空踏遍連峰疊巘那一片慈雲怎籠定毘尼園蓮花空境論真如也不過浮漚幻影你呵誇甚麼神僧聖僧心經口經呀再休提拜金容向金鑾復命

（小生內吽介）徒弟我倦了（生聽作喜介）哎呀妙嗄恰好唐僧亂了禪性正好魔障他不免用分形之法變一嬰兒掛在樹枝之上隨機應變賺他便了

【南尾聲】嬰兒也不仰你頭陀行拏住呵一命須臾赴杳冥準備着工夫上甑蒸

唐僧嗄

集唐 你攜錫西山步綠莎 皎然 眼前終日有風波 羅隱

我神藏鬼伏能千變 司空圖 果得鯨鯢入網羅 朱沖和

第二齣

嬰戲 小生內叫介

徒弟遠遠一座樹林我倦了歇息一回走罷【小生】

老生中淨副淨上【小生】

【傾杯玉芙蓉】怎能箇日高荒廟晝無譁清梵林間罷【老生】阿呀師父嗄你亂了禪性只怕又有魔頭來了快些走嗄你守了元言奉了雕談度了心香誦了靈花把心猿意馬牢拴掛怕陷入六道三塗枉嘆嗟【中淨】快活快活過了火燄山一些也不熱了阿呀身子走倦了我每歇息再走【小生】有理【老生】師父趲路要

際不要採他快些走罷〔小生作倦介〕唉我難禁架這長途路賒問何時同登彼岸見三車〔小旦扮嬰兒赤身掛樹上哭叫介〕師父救命嗄〔老生望見作驚介〕嗄妖魔來了嗄〔小生望見向老生介〕嗄悟空你看樹上高吊着一箇小兒不知是何緣故快去問來〔老生〕阿呀師父嗄此乃妖魔變化切不可惹他〔扯小生介〕快些走罷〔中淨冷笑介〕這等一箇好小廝怎說是妖魔〔合掌介〕罪過嗄罪過〔副淨〕便是〔老生怒介〕你兩箇曉得甚麽〔小生〕大家不必争論待我去問他〔老生慌攔住小生介〕阿呀

師父斷斷不可前去〔小生唱介〕哇佛家以慈悲為本這樣小小嬰孩遭此魔難怎不去救他〔怒指老生介〕反說他是妖怪〔老生〕阿呀師父嗄你怕他遭魔難只怕觧了他你要遭魔難了嗄〔小生〕偏你認得我就認不得〔老生〕師父切不可前去〔小生〕你若不讓我去問我就念起緊箍呪來〔老生慌介〕嗄師父要去請去〔嘆介〕哎罷了嗄罷了〔小生作上前問介〕嗄你是誰家子弟為着何事弔在此間樹上呢

〔小旦哭向小生介〕阿呀師父嗄

〔玉芙蓉〕前村是我家先父稱洪稼〔老生〕一派虛言〔小

生〕原来前村就是你家你父親叫做洪稼〔老生〕妖魔也有名姓好笑嗄好笑〔小生〕為何高吊在此〔小旦〕阿呀師父嗄為囊資富厚惹起波喳〔小生〕惹甚波喳呢〔老生〕想是别洞妖魔搶奪你的家資可是麼〔中淨向副淨介〕明明是箇好小厮只管説是妖魔好笑嗄好笑〔小生〕不要多言由他講〔小旦〕只因前夜一夥强人打上門来將我父母殺害金銀財物擄掠一空〔小生〕為何把你吊在此〔小旦〕那强人一時良心發現不忍加害將我綑縛枝頭已經三日阿呀苦嗄〔小生〕掩泪介〕〔小旦〕受了些寒風冷露剛三夜祇剩得枵腹饑腸

命一些望吾師呵慈悲大救孤兒高掛報深恩啣環
結草總無涯
(小生)阿呀你家遭此大難耳不忍聞目不忍見幸
虧遇着貧僧救你一命悟空快放下來(老生)阿呀
師父嗄此乃妖魔變化切不可放他(小生)你不放
麼猪悟能快解下來(中淨)應欲解(老生)大喝介唗
妖魔嗄妖魔你在此賣弄虛頭須瞞我不得呢(小
旦)阿呀我是好人家兒女並不是什麼妖怪呢(老
生)我且問你既是好人家兒女父母被害家財被
刼救你去交付誰人(小旦)我父母雖亡家財被刼

還有許多親戚哩（老生冷笑介）妖魔也有甚親戚（小旦）我外公家住山南姑娘住居嶺北澗頭李壽乃是姨夫林内洪魁是我族叔若救了我回去與諸親說了情愿將家產庄房盡行酬報（老生）這妖魔好張利口（小生）悟空獃獃年紀只管盤駁他怎麼便是強盜只打劫得些資財終不然連他親戚都劫去不成佛門有編橋渡蟻之功況且在天人命我出家人怎不慈悲猪悟能快解救他下來（中淨）罷罷罷方纔正要動手被師兄大喝一聲屁多唬出來了不關我事（小生）你們都是不解待我自

去放他（作解下介）（小旦走近小生）（老生執棒攔住大喝介）吠（小旦跪介）（老生）妖魔休得近前有俺在此（小生）明明是箇嬰兒只管說是妖怪這等疑神見鬼好生可惡（向小旦介）你且起來（小旦）阿呀師父大發慈悲救我性命此恩此德何日忘之師父請上待我拜謝（拜介）

（普天帶芙蓉）哎呀念孤雛遭強覇索綑枝頭殘生甘罷謝吾師普渡恒沙救嬰兒早歸舊廈（小生）如今送你那裡去（小旦）如今往族叔家去（哭介）哎呀痛雙親老命歸泉下問親人只在山涯（老生）一派虛言（小旦）

休查敢言虛假（老生舉棒介）還要調嘴看俺鐵棒（小生攔住介）唗悟空休得狂為（老生）哎師父你婆心一片休嗔俺慧眼無光怎識他（小生）悟空不要多言快送他去（老生冷笑介）嗄我送我送（小旦）阿呀苦嗄（小生泪介）阿呀悽惶煞好教人淚灑（老生）妖魔待俺駝了你駕雲去也（駝小旦繞場一轉下）（小生望內介）徒弟好生駝着且從容莫教驚壞小兒家

（內鳴鑼作風沙聲四妖上捉小生下）（中淨副淨）阿呀好大風沙險些把我迷瞎了眼（作揩眼抖衣介）嗄阿呀師父那裡去了（中淨）哦想是一陣風沙師

父躲在樹林中去了〔叫介〕嗄師父師父〔副淨〕大驚〔介〕阿呀方纔大師兄說那小兒是箇妖魔師父不信方纔一陣風沙師父忽然不見一定中了妖魔之計了〔中淨〕嗄這怕有些意思嗄〔副淨〕急〔介〕阿呀這便怎麼好〔中淨〕嗄這又何難我和你大家散伙各幹自己營生就是了〔副淨〕難道我們自己往西天求經不成〔中淨〕嗄甚麼求經你還往流沙河去喫人我還往高家庄去看渾家〔副淨〕阿呸休得亂說〔中淨〕阿呀沙兄弟嗄我在外面多時不知我那渾家怎麼樣了〔副淨〕這敱子又敱了〔中淨〕哭跳〔介〕

阿呀我那渾家嗄

〔末奴帶芙蓉〕只怕你抱琵琶把他人另嫁只怕你走臨卭瞧上了風流司馬想着那人世上的夫妻恩愛大偏我只做和尚的非鰥即寡〔副淨〕這獃子越說越獃了我等身負冤愆多蒙菩薩勸解皈依佛教同往西天將功折罪若還違了佛旨壞了善果怎得超昇你把那些狂言亂語從今罷休得要虛言亂嗑少間大師兄來時他自會拏妖捉怪他顯神威毒龍狂象總能拏

〔老生急上〕嗄師父在那裡〔中淨副淨〕不要說起方

纔一陣風沙師父忽然不見皆因不聽良言故爾受此魔難（老生）方纔我將嬰兒駝去知是妖魔若竟打死又恐師父見怪只得將他駝至無人之處擲在塵埃乃是頑石一塊急忙赶來師父已被妖魔攝去我方纔在雲端觀望見遠遠一座高山想是妖魔巢穴我先去找尋你們隨後來也（急下副淨）大師兄已去我們一同去找嘎

（尾聲）任妖魔神通大（中淨）沙兄弟怎當我純綱九齒狠釘鈀（副淨）只怕妖魔武藝高强你勝不得他（中淨）沙兄弟我若勝得他便罷若不勝他呵（副淨）便怎麼

〔中淨笑跳介〕我仍往高老庄前去看渾家

〔副淨〕還不走走

集　竟困風埃爭奈何　李昭象　　手持寒錫遠頭陀　劉商

唐　如今不用空成佛　李涉　　嚬黛低紅別怨多　李群玉

第三齣

僧困 雜扮二妖執刀棍推小生扮元奘愁容上 阿呀我佛救苦噯

【山坡羊】為乖慈把嬰兒救解致遭魔渾身杻械悔不聽徒弟良言平白地師父逢妖怪（衆打小生跌介）（小生）阿呀苦怎捱穩取今朝赴夜臺（起介）罷捨身捹得為俎醢纔脫炎山又沉業海（哭介）阿呀悲哉一卷楞嚴怎禦災危哉七寶金輪叫不來

（二妖喝介）快走（打小生下）（雜扮四妖隨生雙髻披髮大紅褶擺扮聖嬰兒上）

〔燕歸梁〕孺子誰言少大才施小技稱胸懷雖然雪恨轉增哀說甚麼聖僧來（坐介）俺聖嬰兒拏了唐僧要蒸食其肉與父親報讐小的們（衆）有（生）唐僧綁下麼（衆）綁下了（生）推過來（衆推小生上介）唐僧當面（小生）大王爺爺慈悲嗄（生立起望介）唐僧嗄唐僧你怎知也有今日

〔普天樂〕你雖是低眉閉目心偏反便就是孤征遠邁也名空大想慈悲願何日西歸功行事徒說東來（小生）我佛慈悲嗄（生）嗄若果有佛向心頭在為甚遇究家當面難分解老魔王與你有甚嫌猜（泪介）阿呀縱

兇徒把他傾害（小生）大王爺慈悲嗄（生）唗恰可也到
頭纔報你不必乞命聲哀
小的們（眾）有（生）將他剝了衣服推入鐵鑊中去者
（眾應剝小生衣擡鐵鑊蒸籠上）（合）
玉芙蓉陰陽作炭堆天地為爐擺（生）看屠刀不割（冷
笑介）佛骨旋開（小生）大王爺慈悲嗄（生唱介）唗你可
知那巖間虎餓身捹喂（笑指小生介）我聽這盎裏驢
鳴口笑歪（眾取布揩小生頭介）葫蘆盞把油花淨揩
佐香醪加葱點醬儘開齋
（雜扮小妖急上）報唐僧徒弟三人各執器械將近

洞門來了〔生〕哦〔冷笑介〕來得好嗄〔高叫介〕來得好

〔小桃紅〕禿廝兒還作怪把性命強掗賣小猴猻想欠煎熬債老猪精怎放蒸籠外禿沙僧當作酸醎醢我便趁新鮮一網儘數收來

且把唐僧監在洞後待拿住他徒弟三人一齊蒸食報讐便了〔衆應推小生下〕〔生〕孩子們〔衆〕有〔生〕點起合洞魔頭推出火輪車隨俺下山者〔衆應〕吶喊〔介〕〔生〕脫褶擺露火雲衣登火輪執鎗〔介〕〔衆〕各執刀火旗隨行〔介〕〔合〕

〔朱奴兒〕把合洞孩兒陣排將三昧火舉向山崕那怕

他鐵骨與銅胎怎抵當火飛風灑好一似飛蛾子投燈亂篩炙半熟還烹溉

集　怒聲洶洶勢悠悠羅隱　埋骨沉灰恨未休李商隱

唐　若使火雲燒得動来鵬　一彈指頃報恩讐白居易

第四齣

火難 老生扮孫悟空執棒中淨扮猪悟能執釘鈀副淨扮沙悟靜執月牙鏟上合

〔北粉蝶兒〕慈幼心堅反惹起妖魔幻變火雲山已識根源恨嬰兒欺佛子諸般蹂踐〔老生〕俺孫悟空〔中淨〕俺猪悟能〔副淨〕俺沙悟靜〔老生〕只為師父被妖精攝去俺速速找尋已知在火雲山妖洞因此大家前去解救走遭也齊心兒奮勇爭先休道俺法門中從來柔善

〔生執鎗上與老生中淨副淨戰介〕〔生〕吠孫悟空你好好還俺父親來嗄

南好事近椿蔭萎黄泉延頸看雲不見（哭介）哎呀傷心慘目伸讐報恨何年（老生）賢姪你父親何曾身死現在天宮受用哩（中淨）令尊大人此時在天上我們還站在地下有何不好（副淨）比我們好的多哩小孩子家動不動就要哭（生唱介）唗哎呀仙宮受制却何如野鶴閒雲便孫悟空嗄孫悟空也該你業報臨身撞着俺寃家對面

（與老生戰介）（老生架住生鎗介）嗄賢姪休傷和氣你父親當日原與俺結拜的好弟兄前日在鐵鎚峯問嫂嫂借芭蕉扇他再三不允致起干戈（中淨

一把芭蕉扇就搧破了能值得幾何太小氣了〔老生〕蒙太上老君將你父親收上天宫若非我弟兄之情他焉能超脫迷川逍遥仙府

〔北石榴花〕憶當日梅山結了弟兄緣他與俺久周旋又誰知多年離別各分天〔中淨〕沙兄弟猴老大都過了不問他要還師父到談起家常來了〔老生〕俺向那空門持受護從金蟬一逕的向西方一逕的向西方求經不憚程途遠奇奇怪怪幾番磨鍊路過那火山頭路過那火山頭動干戈為這芭蕉扇若不是俺呵險些兒沉淪慾海自羅愆

（生冷笑介）猴兒俺也不和你鬬口你若勝得俺手中之鎗俺便還你的師父（老生大笑介）俺這鐵棒不知打死了無數的妖魔何懼於汝（中淨副淨）我們就同他潑戰一場三箇還怕殺不過他一箇麽

（生冷笑介）來嗄

【南好事近】生來英物本先天莫道鋒鋩易剪鎗尖飛起葫蘆箇箇都穿靈奇變化是童心戲把神通顯（衆戰介）（老生生各變化介）（生下領四妖執火旗扮火輪兵上放火老生等敗下）（生大笑介）你看孫悟空被俺火輪車燒得奔走無門那八戒沙僧俱皆帶傷而逃

孩子們〔衆〕有〔生〕與我將火光佈滿烈燄飛騰擒拏三
衆便了就此追上前去〔衆應吶喊行介〕〔合〕好憑俺刼
火威揚掩住你舍利光圓
〔衆下〕内放煙火老生作狼狽狀敗上〔中淨副淨各
敗上跌地下介〕〔老生〕好利害妖怪好兇險野火〔低
説介〕想俺當日在八卦爐中被老君復煉金丹足
足熬了四十九日反煉出俺銅筋鐵骨火眼金睛
〔高叫介〕還不似今番的火烈也
〔北鬭鵪鶉〕想當日咼炁爐煙想當日咼炁爐煙煉出
箇黃睛赤面那怕那光燭層霄那怕那光燭層霄一

任他轟雷掣電〔中淨副淨〕你今日怎麼也怕起火來呢〔老生〕比回祿神威大萬千便倩陽侯也救不轉俺們猶可師父呵倘被他虐燄焚煎倘被他虐燄焚煎怎能把菩提灑遍

〔副淨〕你看妖魔如此利害這便怎麼處〔中淨〕阿呀你我是沒法了嗐〔副淨中淨合〕

〔南撲燈蛾〕一陣陣邪氛阻路堅漫騰騰妖火逢人煉急攘攘兄長尚熬煎何況俺亂紛紛額焦毛捲慘切切怕師尊難免望巴巴目斷寸心懸意昏昏魂依夢戀罷齊臻臻大家身命撲炎煙

〔老生〕你們不必驚慌俺如今變作螢蟲望妖魔洞中探聽師父消息八戒師弟速往南海落伽山求菩薩慈悲前來相救方可脫離火難〔中淨〕阿呀我身上燒得毛焦皮爛疼痛得緊不好駕雲〔推副淨介〕沙師弟你去了罷〔副淨〕偏是你只等懶動〔老生〕你不去麼〔中淨倒地介〕不去〔老生舉棒欲打介〕喫我一棒〔中淨慌起介〕哎呀我去我去唉不知甘苦動不動就要打〔老生〕二位師弟老孫呵

〔北上小樓〕略借腐草裡螢光燃趁清風雙翅搧〔向中淨耳語介〕悄悄的蜜與師言〔向副淨耳語介〕悄悄的

蜜與師言知是徒來莫教妖見（向中淨介）你須索靜守禪心（向副淨介）你須索靜守禪心待得箇蔭注慈雲來從心願救沉淪早些方便

（急下中淨）大師兄已去沙師弟省好行李我駕起雲頭往落伽山去也（副淨應下中淨作駕雲急行介）

（南撲燈蛾）急急的踏霧乘煙阿呀閃閃的追風逐電滔滔的南海遠巍巍的尊者面詳陳細說師徒們磨煉菩薩呵疾忙忙慈雲至前可憐我最切切道念貞堅最切切道念貞堅必不得飄飄緲緲神通大顯滴

溜溜楊枝露沃火中蓮

〔作跌下介〕完了我說駕不起雲跌了下來了且歌息一會再去便了

〔尾聲〕把釘爬背起袈裟捲且慢去紫竹林中叩普賢難道菩薩是娃子頭兒麼為甚的這小子欺人向大士纏

集 妖精鬼魅鬬神通許碏 火燄燒人雪噴風竇庠

唐 少有人知菩薩行白居易 了心還與我心同皎然

第五齣

亂性

生上姹女迷真性嬰兒亂淨禪我聖嬰兒全憑三昧真火將孫悟空三人戰敗那猴猻雖然不死已帶重傷而去方纔正然追赶忽望見猪八戒身帶火傷往南方而去口中說甚麼菩薩必是往落伽山求救聞得他曾在高老庄招親不遂我不免變作標緻女子只說是他渾家待亂了禪性擒拏了他却不是好待俺變來者（下變小旦上）阿呀妙嗄果然變得像嗄事不宜遲待我赶到他前面去（下中淨

作狼狽狀跌地連叫痛介）哎我猪八戒好好在黑風山為王高老庄招親不想遇着這箇潑猴猻說我冤業沉淪求經解脫把我哄來做了和尚喫的是黃虀淡飯睡的是獨枕孤衾好不苦惱方纔在火雲山遇見一箇狠妖怪放出火車將我鬃毛燒去了多少疼痛難熬那猴猻還叫我去請甚麼觀音菩薩我兩脚疼痛駕不動雲頭跌了下來且在此平原曠野畧歇一歇阿呀肚裏餓得緊怎麼好哦也罷就在這亂草拔來喫喫罷（起作拔草喫介）

（駐雲飛）運蹇時乖到處逢妖命裡該說甚冤牵解險

被屠家宰唉〔大叫介〕妖怪〔作四望低唱介〕點點小童孩火車利害〔作痛介〕哎呀我皮爛毛焦駕不得雲頭快只合倒卧荒原齕野荄〔倒地介〕〔小旦上〕阿呀苦嗄〔中淨作驚起望介〕唬這嬌滴滴的女子聲音那裡來的〔小旦〕阿呀救命嗄〔中淨四望見小旦介〕那邊好箇標緻女子阿呀有趣嗄〔小旦〕嗄你莫非是諸大王麼〔中淨〕嗄你是那裡來的為何認得我〔小旦〕奴家是高老庄來的〔中淨驚喜介〕哦高老庄來的可是我的渾家麼〔小旦〕正是〔中淨〕阿呀渾家嗄〔小旦〕阿呀猪大王嗄

又一體我與你有分姻緣慧劍分開並蒂蓮未遂風流願割斷紅絲線不想被妖魔攝至此間阿呀苦嗄憐終日被魔纏纖腰疲倦仗你威光救我回家院共作夫妻永百年

中淨笑跳介

又一體慾火難熬勝似妖魔烈火燒作摟住小旦介和你生作鶼鶼鳥死共鴛鴦窨嬌莫負好良宵及時歡笑籍草為茵權作巫山廟把那拜佛禪心似雪消

小旦推倒中淨介小旦下衆妖上細住中淨介中淨阿呀我那渾家往那裡去妖魔來爭風了衆妖

猪八戒你亂了真性怕不有魔頭來魔你

又一體你迷亂禪心功行從今水底沉色界沙門禁慾念伊家甚擒細縛上山林管教氣喑〔中淨作呼聲睡介〕〔衆指笑介〕死到臨頭猶自酣呼寢受用些咢鑊風光是自尋〔撞中淨下〕〔中淨復上跌介〕〔衆拉中淨脚中淨亂喊〕〔衆拉介〕

集唐

衆 細念因緣盡是魔 白居易

中淨 擬將何事柰吾何 元稹

風流性在終難改 薛能

長向人間被網羅 羅隱

第六齣

再難老生扮孫悟空執棒上

〔園林好〕悄寞寞來到了青巖碧巉〔内風起介〕夜沉沉猛忽的風啼月慘我孫悟空只爲師父被妖魔攝去洞中我弟兄每去救翻被他孽火所傷爲此命八戒往落伽山求大士解救我今日且悄悄的往他洞中打聽一番恨妖魔練成離坎今日呵管教你脫深潭管教你脫深潭

來此已是妖洞此時夜色已深想妖魔必然睡倒待俺悄悄救出師父過了此山豈不是好〔一轉作

到（介）嗄師父師父（小生在內叫介）悟能嗄（中淨）師
父（老生驚介）嗄原來八戒也被妖魔拏來了（小生）
你那師兄呵
【玉交枝】他縱是天關能撼（老生）說的不差（小生）又何
曾將禪機一參（中淨）那禪參他怎麼（小生）雖然不禮
梁皇懺可也護的五百迦藍（老生點頭介）（中淨內唱）
（介）師父他只會攀枝緣木走巖巉何能作法將魔斬
（老生）只獃子這等可惡（中淨）我們與他兩下分開他
在外廂灑脫我每在這裡受苦哩（老生笑介）（小生）這
睽違似地北天南（中淨）猴猻把俺拋在虎窟狼潭

老生 師父你徒弟來也 下扶小生中淨上繞場一轉介 老生 且喜出了妖洞了 小生 阿彌陀佛 中淨 哎呀我的猪毛燒弔了幾時纔長出來呢 合

五供養 身離壈坎跳出千尋没底深潭心清三界靜性定一真參悟靜兄弟快來見了師父 副淨上 師父救出來了麼 見小生介 師父稽首 見中淨介 嗄你往落伽山去的怎被那妖捉到洞中呢 中淨背介 這箇悔氣和尚問的好失利呢我老猪被那潑妖撮弄拿到洞中怎生說得出來 想介 情何以堪且將他暫時相賺 轉向副淨介 我懵懂迷歸路没据三時乖闖入

縛猪籃

（老生）不要閑話恐妖魔知覺前來追赶快些走罷

（小生）說得有理（疾走介）（合）

川撥棹心須淡了三明莫妄談任清虛着不的半點腌臢任清虛着不的半點腌臢恐邪魔仍來害咱（內吶喊介）（中淨）哎呀那妖魔果然又來了（合）那嬰兒非善男那嬰兒非善男

（內又吶喊介）（小生向老生介）阿呀悟空那妖魔又來追赶只便怎麼好

（又一體）仗你護法求經一力擔外道邪魔一掃芟（老

生都在徒弟身上內喊介小生作怕戰介戰兢兢汗
透偏衫戰兢兢汗透偏衫似這般向西天如來怎祭
合那嬰兒非善男那嬰兒非善男
生率火輪兵上與老生戰介放火老生敗下衆綁
小生中淨副淨介生那猴猻又走了怎麼處想介
有了且將唐僧等密藏土窖之中待俺往鐵鎈峯
請娘娘前來一同擒拏那猴猻便了小的們將這
一干和尚押回洞府者衆應押小生中淨副淨下
老生急上哎呀
又一體不能滅却魔頭心甚懟輾轉思維煩不堪我

雖然喫苦辭甘我雖然喫苦辭甘怎當他火來一墵
那嬰兒非善男那嬰兒非善男
也罷我今日親往落伽山中走遭也呔妖魔嗄妖
魔你把俺師父呵
【尾聲】恨不把他包殘餘肉青塩醮怎識得騰空清梵
且向落伽山請下了老瞿曇
集
始信昆明有刼灰韓偓　萬全身出百重圍張祜
唐
狂風烈燄雖千尺杜牧　大聖無心火自飛李白

第七齣

龍奮　雜扮八水卒舞水旗上末龍王帽黄蟒扮龍王上

【破齊陣】偃伏九淵潛景飛騰千里成形澤沛甘霖威驅迅電纔得龍君位証

吾乃南海龍王是也落伽山朝罷菩薩衆水卒（衆）有（末）就此回宮去者（衆應行介）（合）

【好事近】噓氣白雲生朝罷駕回滄溟似虹霓垂耀神奇變化無形聽華嚴三卷救沉淪開悟迷途逕早歸藏鮫室蜃樓咸尊奉水伯波靈

（老生上）嗄龍王那裡去（末）原來是大聖到此請了

〔老生〕請了〔末〕聞得大聖皈依佛教護金蟬子往西天拜佛求經為何來到此處〔老生〕龍王聽者

〔千秋歲〕為求經遠走西方境一路上偏逢梟獍無限魔頭無限魔頭幾處險迷真性不想到了火雲山遇一小子呌做聖嬰兒神通廣大變化無邊他有三昧真火就是老孫也難抵敵呢那聖嬰兒相爭競火輪車誰能勝為此來求菩薩大覺相憐憫仗楊枝滴水早滅炎精

〔末〕小神方纔從落伽山而來菩薩已往西天禮佛去了〔老生〕待俺駕雲趕去〔末〕攔住〔介〕些須小事何

必驚動菩薩待小神帶了水卒滅了火燄擒了妖
魔與佛門護法者（老生冷笑介）只怕你擒他不得
呢（末惱介）唉大聖說那裡話來小神呵（老生）嗄（末）
古輪臺奉天庭崇封龍伯鎮南溟常瞻妙像恒河性
衆水卒（合）一任他精靈強梗佛子欺凌管教輕拋一
命他縱有熒惑相隨祝融跟定相生相尅自天成（老
生）如此龍王你去降魔俺在落伽山守你好音也請
（末）請（老生下末）水卒們往火雲山去者（衆應急行介）
（合）神蛟鼓舞起波濤浩渺奔驚布爪雲興鼓鬐電欻
奮鬣雨落疾走莫教停生歡喜禪門護法仗神兵

作到介衆啟大王已到火雲山了末與我將妖魔
剪滅者衆應介八雜扮火輪兵執火具上與水卒
大戰放火龍王水卒敗下八雜追下龍王水卒敗
上小生扮惠岸立高處介龍王聽者俺惠岸奉菩
薩法旨末跪介小生道你擅離南海合受此灾已
命俺即來降魔你速回海中去者下末衆水卒快
隨俺回南海去者衆應行介合

尾聲殘鱗敗鬣無多剩怪則怪壬癸難除丁丙衆四
邊立末正立跌足介唉枉說甚守藏神龍性至靈

集　海客斂威驚火旆李羣玉　風濤翻覆沸天池白居易

唐

分明為報精靈輩貫休　邪氣奔屯瑞氣移羅隱

第八齣

痛母生披髮雙髻大紅褶扮聖嬰兒上

【帶醉行春】展盡了平生幻變難除那圈外騰猿返故山非畏金仙報深讐好仗靈萱俺聖嬰兒只為孫悟空這廝神通廣大難以報讐為此往鐵鎈峯請俺母親一同擒他唉潑猴嗄潑猴你參禪怎沒有仁風慧雨救焚煎廝為這芭蕉幾片【行介】看你如何觧脫只幾番磨鍊

來此已是鐵鎈峯了【作細看驚詫介】

【太師觧繡帶】細端相舊日山容變冷淒淒煙迷霧連

嗄為何洞門大開待我進去看來（作進洞四望驚介）
呀却為甚苔菌逕滿（行介）漸行來蛛網簷牵嗄母親
嗄母親（作大驚介）怎麼靜悄悄並無一人恨殺那閑
雲遮斷蓬莱路（作想介）哦早難道仙駕同歸無上天
（作躊躇介）教我難排遣那疑團萬千好奇怪不但洞
府無人就是那本山土地也不知往那裡去了怪山
神為甚的不早些兒來見
（淨扮痴土地暗上）大王小神在此（生）我且問你為
何洞門大開娘娘並随侍人等都往那裡去了（淨）
大王有所不知只為有箇東土唐僧元奘往西天

取經〔生〕嗄〔淨〕路阻火燄山他有箇徒弟孫悟空前

來借扇娘娘不允厮殺一塲他請下天兵將老大

王收上天宫因此娘娘也閉門不出了〔生〕惱〔介〕唉

〔淨〕嚇跪〔介〕〔生〕你道娘娘閉門不出怎麼俺今日到

此洞門大開寂無仙跡是何緣故速速講來〔淨〕起

〔介〕哎呀大王嗄娘娘呵〔生〕講〔淨〕

太師見學士〔介〕嗽雲英清虚院洗凡心黄庭幾篇〔生〕嗄

〔淨〕前日忽有仙童玉女絳節霓旌前來相召娘娘同

返瑶池就是那隨侍人等也一齊上昇因此洞内無

人恁般寂静了〔生〕大驚〔介〕哦有這等事〔淨〕他自樂瑶

池仙趣（背指生介）你偏思慾網牽纏（生頓足介）噫好
教我恨塡東海同精衛（哭介）淚灑西風泣杜鵑（淨）大
王嗄浮泡幻影休留戀娘娘呵早斷了紅塵恩愛緣
（生怒唱介）哇閃開（淨驚跌下）（生）哎呀
〔太師醉腰圍〕禍根苗總為這芭蕉扇阿呀親娘嗄縱
遊仙也免不得思兒淚漣猛撞着前生業障生分開
即世椿萱俺待赶去尋他呵怕茫茫弱水路三千望
蓬山仙源隔遠（作哭介）家何處愁腸似煎罷誓與惡
冤家血戰郊原
〔尾聲〕縱把你猴頭作鮓供朝奠也難洩俺心中讐怨

親娘嗄你纔在瑤池之上呵怎禁得燈火無情吹呀
照影眠

集唐

雲水千重繞洞門施肩吾　此回嗚咽不堪聞杜牧
不知仙駕歸何處汪遵　何日山頭望白雲李嶠

第九齣

✕皈依 小生金冠綾褶捧淨瓶楊枝扮惠岸上

【集唐】曾聞刼火到蓬壺 司空圖 火急先須卸火珠 李休烈 手把楊枝臨水坐 白居易 削平妖孽在斯須 方干

吾乃觀音菩薩座前惠岸是也只為聖嬰兒仗彼孽火與金蟬子作難菩薩法旨命咱帶領揭諦神祇前往降魔指歸佛道已命孫悟空先去誘敵正是大開覺路超迷岸立放屠刀入慧門【下】【生】扮聖嬰兒執鎗【上】

【北醉花陰】不共天讐恨非小喜大半遊魂勾到仔单

剩孫行者更難饒也拚將林木延烧生逼得狂猿倒俺聖嬰兒自鐵鏟峯回來不知唐僧三衆若何那孫悟空曾否來鬧且到洞中將他們蒸食報讐便了〔望介〕呀遠遠來的正是孫悟空一并擒了他去方出得心頭之恨也誓把他作鮓一鍋熬方顯得聖嬰兒手段好

〔下〕老生扮孫悟空執棒上

〔南畫眉序〕小畜敢潛逃洞裏教俺費尋找〔作望介〕呀喜匆忙雲路在此相遭俺孫悟空奉菩薩法旨前去誘敵你看遠遠聖嬰兒來也不免迎上前去他矜驕

竟敢來前我賈勇必須尋到只因親奉菩薩命穩取的把他擒倒（生上戰介）（老生敗下）（生望場下大笑介）你看這猴頭又敗下去了

北喜還鶯看恁這猴兒空鬧看恁那猴兒空鬧似鑽圈力瘁筋勞飛也波超引得咱一場（笑介）好笑縱作戲（作舞刀鎗勢介）刀鎗也不中瞧枉說伊武藝高遇着俺乍交鋒忙奔急趭敢再說保師父拜佛降妖敢再說保師父拜佛降妖

（下）雜扮四謁諦神執鞭（小生扮惠岸捧淨瓶楊枝

上合

南畫眉序大地戰塲鏖奉命降魔離海嶠肴威光籠定妖氣全消你縱然孽火焚燒寧知有大雲蔭罩小生立高處四神立四角老生引生上四神合圍住戰介生引火輪兵上放火小生用楊枝水灑滅生衆敗下小生奉菩薩法旨已滅妖魔孽火孫大聖同護法神祇速速追赶擒來者衆領法旨急行介合鴐雷叱電須追上切莫把網羅寬了

齊下生上哎呀氣死我也氣死我也

北出隊子悔不把唐僧烹了也得箇報深讐把積恨

消為甚要師徒全夥付芒熛今日裡今日裡火盡烟

消惹笑嘲（作怒介）激得俺怒氣騰騰透九霄

（下淨仙衣執拂扮牛魔旦仙衣執拂扮鐵扇仙忙

上合）

（南滴溜子）忽聽得孩兒要將怨報這招尤獲戾所關

非小奉命雲程飛到（合）神鷩慾網褰心慾慧業必急

掯迷津早依佛道

（立高處介生與老生衆神殺上老生衆神敗下淨

旦高唱介）咗畜生休得猖獗（生望見淨旦介）呀原

來俺爹娘在此（作丟鎗哭拜介）阿呀爹娘嗄

〔北刮地風〕哎呀猛見那瑞氣凌空殺氣消却原來俺父和娘飛降雲霄〔起介〕喜的是別來依舊仙顏好可也思佩鰈垂髫竟相違定省昏朝非是俺缺瞻依頑兒的心存不孝可恨那種冤讐禿賊的計毒相挑今日呵幸喜得骨月逢家室歡離愁都繳把唐僧充盤傾濁醪更仗父子兵助將聲勢制姦猱〔淨〕畜生還不早消殺劫皈依佛門麼〔生〕若要皈依此讐難報〔淨〕倘再執迷俺們也不饒你〔旦〕兒嘎你父親蒙太上老君收入天宮好不逍遥極樂往日之讐總歸消釋了〔淨旦合〕

【南滴滴金】學仙禪俱要除煩惱俺們呵證果歸真塵不擾便是與孫大聖呵同盟兄弟依然好火山邊空鬧炒罷名兒俺們自造你休任童心多計較從此釋然看覺路匪遙

【生】雖如此說俺却氣猴兒不過到底要拏他報俺今日之羞哩【淨】向旦介這畜生如此執迷自有菩薩降服他纔肯皈依哩【生】

【北四門子】雖是俺雙親可恕他姦狡雖是俺雙親可恕他姦狡【作恨介】噫想起來怎得相饒最恨他獠猜[illegible]疾粧圈套把俺同兒戲瞧任意的撥撩更多般惑

搖卻悄向落伽山客將神將邀誘俺來烈熖燒陡把法水澆(跌足介)哎呀火輪車登時抛掉(老生內叫介)聖嬰兒那裡走(生急拾槍)(老生衆神上與生合戰圍住介)(生四面冲突至正場)(小生丢圈套住生合掌介)(衆合)

南無老僧金圈忽抛當頭一喝業境消從今豁悟彼岸超(生作掙不脫介)(衆合)你頭怎鑽肩難卸身常抱(生作欲走)(衆攔住介)(合)比連環鎖骨法還妙說甚粉孩兒臂上金圈繞從今緊箍難掉

(小生)聖嬰兒可肯皈依麼(淨旦)畜生還不皈依(生

弟子情願皈依了

〔北水仙子〕望望望望南海潮洗洗洗洗盡我無知將孽造悔悔悔悔孩兒家輕動兵戈險險險險將那聖僧寬了願願願願從今舊怨消早早早早掙箇夢醒天曉〔淨旦〕畜生快快禮拜〔生拜介〕拜拜拜拜求這佛力提攜殺刼趂把把把把妖氛虐燄橫空掃〔衆合〕喜喜喜喜得箇成正果佛門高

〔小生〕仗菩薩慧力聖嬰兒已收孫悟空保你師父取經去罷〔老生〕謝菩薩慈悲〔下〕〔淨〕畜生我今回無上天宮你好好隨衆神祇往落伽山隨侍菩薩休

得有違〔生〕是〔淨旦合〕

〔南雙聲子〕皈依好皈依好喜孺子回頭早頗可教頗可教從此後吾憂少你悔錯佛不惱更望你功成行滿道念堅牢

〔細吹淨旦下〕〔衆立兩邊〕〔小生〕衆神祇〔衆〕有〔小生〕帶了聖嬰兒回落伽山覆旨去者〔衆〕領法旨行介〔合〕

〔北煞尾〕從今慧燭把昏途照侍蓮臺海上逍遥〔生〕呵呀爹娘嗄只是你遠撇孩兒雲漸杳

集　斷腸分手各風煙 莆　白日霓旌擁上天 元結

唐　看取海山寒翠樹 元載　今朝自見火中蓮 羅虬

第十齣

證圓（場上設雲幔蓮臺細吹雜扮四金剛末扮韋馱執杵正旦扮觀音上正旦）

【北點絳唇】無量無邊道成三願恒沙遍普渡因緣苦海金蓮現（細吹正旦上蓮臺坐介）（小生引生上跪介）弟子聖嬰兒叅見願菩薩聖壽無疆弟子雖然皈依佛教還望菩薩指示迷途（正旦）你且聽着

【混江龍】你本是先天毓秀降生權借鐵鎈仙靈胎雖結大道難堅你弄元虛駕着那火輪車憑依丁丙作怪誕仗着那七十變顛倒坤乾亂禪心嬰兒姹女動

魔頭意馬心猿虧得我手中貝葉救拔你火裏金蓮你從此後落伽山與鸚哥作伴再休想火雲洞共野鹿同眠虧得你急早回頭轉不然呵怕似那氷開春日蘭敗秋年

聖嬰兒你雖是皈依禪心未定須要五十三參你若能徹悟方能替你証盟呢（小生）弟子一雙慧眼怎麽不能徹悟呢（正旦）護法神祇與我収藏法像者（場上放雲幔八雲童上用雲遮住旦衆）内細吹雜扮士農工商漁樵耕讀酒色財氣依次上生見俱拜介（雜扮假孫悟空執棍上生奪棍踢倒雜介）

潑猴休得無禮〔雲慢衆雲分開雜下正旦大喝介〕咄你道五十三叅俱能徹悟怎麽一箇假猴猻也辨不分明了〔生叩頭介〕弟子從今醒悟了

〔沉醉東風〕願從今歸依法門再不去火宅棲身〔衆合〕你沉淪作小兒一世界行魔運哎呀火雲山回頭難認萬刼消磨脫世塵也是你真如有分

〔生起介〕

〔又一體〕迷川渡全憑上乘阻西行錯怪了唐僧〔衆合〕想着你變幻嬰兒應自哂怎及那禪枝穩到頭來説甚冤親妄想徒勞七識神有甚麽深讐要緊

〔生〕

又一體火輪車恃着炎威嚇人把護禪龍險害了殘生〔衆合〕他洪波化作虛你烈炬排成陣仗楊枝陰注慈雲悟徹浮生應斷根我與你先開混沌

〔生〕

又一體苦輪迴從來繫人在芭蕉洞做了兒孫當時父母親今向何方問〔正旦〕唗〔生跪介〕〔正旦〕你怎生只念凡塵〔衆合〕覺悟羣生不二門纔得把根緣永證

〔正旦〕你既已醒悟取名善財童子往靈山朝罷如來命你永侍蓮臺便了〔生謝介〕多謝菩薩〔正旦〕護

法神祇帶了聖嬰兒隨俺往靈山禮佛去者〔衆應〕

行介〔合〕

〔清江引〕落伽山雖是根緣證還要向靈山頂慈室謁如來好把因緣問那時節纔得箇侍蓮臺善財穩

集　誓心從此永歸依（趙信陵）　惆悵人間萬事違（徐月英）

唐　頓見佛光身上出（元稹）　垂珠璀璨拂三衣（劉禹錫）